SVĚT PODLE KABALY

ODHALENÁ KABALA

PRŮVODCE ČLOVĚKA KLIDNĚJŠÍM ŽIVOTEM

Rav Michael Laitman, PhD

Michael Laitman

Odhalená Kabala - Průvodce člověka klidnějším životem

Z anglického originálu
Kabbalah Revealed
Original English language edition published by

Laitman Kabbalah Publishers

Copyright © 2024

Czech-language edition copyright © 2024 by
Laitman Kabbalah Publishers
All rights reserved.

Pro více informací navštivte www.kabacademy.eu/cz

www.Kabbalahbooks.info

ISBN: 978-1-77228-184-2

Obsah

O autorech 7
ÚVOD 11
   PLANETÁRNÍ VĚDOMÍ 13

1 KABALA DŘÍVE A NYNÍ 17
MISTROVSKÝ PLÁN **18**
KOLÉBKA VĚDY **20**
   DALŠÍ SMĚRY 21
   ZÁVAŽNÉ DOTAZY 22
KABALA VSTUPUJE NA SCÉNU **23**
   MOTOR ZMĚN 23
   PŘEVZETÍ ŽEZLA 24
SKRÝVÁNÍ, HLEDÁNÍ A NENACHÁZENÍ **27**
   GLOBÁLNÍ KRIZE A ŠŤASTNÝ KONEC 28
   EGOISMUS A PATOVÁ SITUACE 29
NUTNOST ALTRUISMU **31**
   ZVÝŠENÁ VNÍMAVOST 33
   JE ČAS 34
V KOSTCE **37**

2 NEJVĚTŠÍ PŘÁNÍ 39
ODRAZOVÝ MŮSTEK RŮSTU **40**
   ZA ZAVŘENÝMI DVEŘMI 41
   VÝVOJ TUŽEB 43
OVLÁDÁNÍ TUŽEB **46**
   NOVÁ TOUHA 47
   NOVÁ METODA PRO NOVOU TOUHU 48
   TIKKUN – NÁPRAVA VŮLE PŘIJÍMAT 49
V KOSTCE **52**

3 POČÁTEK STVOŘENÍ 53
DUCHOVNÍ SVĚTY **54**
   ČTYŘI ZÁKLADNÍ FÁZE 55
HLEDÁNÍ MYŠLENKY STVOŘENÍ **61**
CESTA **66**
ADAM HA-RIŠON – SPOLEČNÁ DUŠE **71**
V KOSTCE **73**

4 NÁŠ SVĚT 75
PYRAMIDA **77**
   JAK NAHOŘE, TAK DOLE 80
VÝSTUP PO ŽEBŘÍKU **82**
TOUHA PO DUCHOVNOSTI **87**
V KOSTCE **92**

5 ČÍ REALITA JE REALITA? 95
TŘI MEZNÍKY PŘI STUDIU KABALY **98**
   PRVNÍ MEZNÍK – TO, CO SI UVĚDOMUJEME ... 98
   DRUHÝ MEZNÍK – KDE SI TO UVĚDOMUJEME 98
   TŘETÍ MEZNÍK – KDO SI TO UVĚDOMUJE 99
VNÍMÁNÍ REALITY **102**
   NEEXISTUJÍCÍ REALITA 104
   MĚŘICÍ MECHANISMUS 106
   ŠESTÝ SMYSL 108
   VŠECHNO JDE, KDYŽ SE CHCE 110
   MYŠLENKA STVOŘENÍ 112
   REŠIMOT – NÁVRAT DO BUDOUCNOSTI 113
V KOSTCE **116**

6 (ÚZKÁ) CESTA KE SVOBODĚ 119
TEMNO PŘED ÚSVITEM **121**
   NOVÝ ŘÁD VE ČTYŘECH KROCÍCH 125
ZNÁT SVÉ MOŽNOSTI **127**
   OTĚŽE ŽIVOTA 129
   ZMĚNOU SPOLEČNOSTI KE ZMĚNĚ SEBE 131
ČTYŘI FAKTORY **133**
VÝBĚR SPRÁVNÉHO PROSTŘEDÍ K NÁPRAVĚ **136**
   ŽÁDNÍ ANARCHISTÉ 139
NEODVRATNÝ ZÁNIK EGA **141**
   LÉČBA 142
   NEPRAVÁ SVOBODA 144
   PŘEDPOKLADY PRO SVOBODNOU VOLBU .. 146
USKUTEČNĚNÍ SVOBODNÉ VOLNY VÍRA .. **148**
   VÍRA 148
   DŮVOD 149
V KOSTCE **151**

O ORGANIZACI BNEI BARUCH **153**
KONTAKT **158**

O autorech

PhDr. Rav Michael Laitman

Rabín Michael Laitman, PhD. je celosvětově uznávaným znalcem původní kabaly. Tento renomovaný odborník na duchovní záležitosti vzešel z velmi neobvyklého prostředí: vystudoval vědní obor, je magistrem přírodních věd v oboru biokybernetiky, úspěšně rozvíjel svou vědeckou profesi a kabale se začal věnovat proto, aby pokročil ve svých vědeckých výzkumech. Doktorát z filozofie získal na Moskevském institutu filozofie při Ruské akademii věd.

Kabale se věnuje již od roku 1976. V roce 1979, kdy se snažil nalézt nové směry v kabale, potkal kabalistu rabína Baruha Šalom HaLevi Ašlaga (1906–1991), prvorozeného syna a následníka kabalisty rabína Jehudy Leiba HaLevi Ašlaga (1884–1954), jenž pod jménem Baal HaSulam sepsal komentář knihy *Zohar* s názvem *Sulam* (Žebřík). Michael Laitman byl velmi ohromen Baal HaSulamovým synem, stal se jeho žákem a osobním asistentem, mnoho času strávil v jeho blízkosti a snažil se vstřebat co nejvíce z jeho učení.

V současnosti je považován za významného odborníka, neboť jeho třicet knih zabývajících se problematikou kabaly bylo přeloženo do deseti jazyků a denně jsou po celém světě k vidění jeho živé přednášky na kabelových televizích a na internetu. Je vyhledávaným lektorem v akademických kruzích ve Spojených Státech i v Evropě.

Dr. Laitman je zakladatelem a prezidentem vzdělávací organizace Bnei Baruch-Kabbalah a výzkumného institutu, při němž je provozován největší a nejrozsáhlejší web zabývající se kabalou *www.kabbalah. info*. Měsíčně ho navštíví 1,4 milionů uživatelů a neomezený přístup ke kabalistickým textům a médiím je k dispozici ve dvaceti jazykových mutacích. V roce 2000 uznala *Encyclopedia Britannica* stránky *kabbalah.com* za jeden z největších webů, co se týká počtu návštěvníků i množství vzdělávacích a informačních materiálů s tématem kabaly.

Profesor Ervin Laszló

Úvod k této knize napsal profesor Ervin Laszló, jenž je zakladatelem a nejvyšším představitelem Systémové filozofie a obecné teorie evoluce (*Systems Philosophy and General Evolution Theory*). Laszló se narodil v roce 1932 v Maďarsku v Budapešti a svět se o něm poprvé dozvěděl v jeho patnácti letech, kdy debutoval pianistickým koncertem, o němž informovaly *Life*, *Time*, *Newsweek* a další mezinárodní média.

Vědě a filozofii se profesor Laszló věnuje od svých necelých třiceti let a od roku 1963 vydává knihy a publikuje různé články. V roce 1970 obdržel státní doktorát – nejvyšší titul pařížské univerzity Sorbonna a v dalších letech mu byly uděleny čestné doktoráty ve Spojených Státech, Kanadě, Finsku, Rusku a v Maďarsku.

Jako projev uznání za jeho práci pro globální porozumění a jeho rozvoj mu byla v roce 2001 udělena mírová cena Japonska Goi Award. Napsal dvacet sedm knih, jež byly přeloženy nejméně do osmnácti jazyků.

ÚVOD

Je pro mne velkým potěšením a ctí moci napsat úvod ke knize dr. Laitmana *Odhalená kabala: Průvodce běžného člověka klidnějším životem*. Autor, můj drahý přítel, je dle mého názoru současným předním kabalistou a skutečným představitelem moudrosti, jež byla po dvě tisíciletí držena v tajnosti. Jsem přesvědčen, že nyní, kdy se spolu s dalšími původními moudrostmi vynořuje moudrost kabaly v celé své šíři, není povolanější osoby, jež by nám mohla přiblížit její podstatu.

Objevení kabaly, učení schopného pomoci nám opět si uvědomit moudrost, jíž byli obdařeni naši předci a již jsme zapomněli, má pro nás mimořádný význam.

Původní moudrosti se znovu vynořují právě nyní – v době, kdy naše běžné mechanické myšlenkové pochody přestaly poskytovat duševní pohodu a její udržitelnost tak, jak slibovaly. Čínské přísloví varuje: „Nezměníme-li směr, s největší pravděpodobností skončíme přesně tam, kam míříme." Budeme-li mít na mysli soudobé lidstvo, je souvislost s katastrofami nasnadě:

Hrozí, že klimatické změny promění obrovské oblasti naší planety v nehostinná území s neživou půdou, která nebude vhodná pro bydlení a ani pro obživu.

Většina světových ekonomik ztrácí na své soběstačnosti, což se neblaze projevuje globálním úbytkem potravinových zásob. Pro více než polovinu populace je špatně dostupná pitná voda a průjem způsobený znečištěnou vodou denně zahubí více než šest tisíc dětí.

V bohatých i chudých zemích narůstá pocit nebezpečí živený násilím a terorismem, oblíbenými prostředky k řešení konfliktů. Do muslimského světa se šíří islámský fundamentalismus, v Evropě se objevují neonacisté i další extremistická hnutí a po celém světě se vynořuje náboženský fanatismus.

Svou další existencí na této planetě si nemůžeme být jisti.

Celosvětový kolaps však není nutný; je možné změnit směr, ale je i možné držet se daného vývoje.

Můžeme sjednotit a uskutečnit společné cíle v oblasti míru a udržitelnosti a byznysmeni mohou rozpoznat přicházející změnu a zareagovat zbožím i službami, jež uspokojí posun v poptávce. Této problematice se věnuje závěrečná část knihy.

Nové perspektivy a vznikající sociální a kulturní změny mohou být zkoumány celosvětovými zpravodajstvími i komerčními médii. Na internetu, v televizi a v komunikačních sítích podniků i společností se objevují dosud neznámé představy o lidstvu a přírodě.

Politika sociální a ekologické udržitelnosti bude v běžné společnosti podpořena rozvojem nekonvenčního způsobu života a důležitých hodnot a přijatá opatření ochrání životní prostředí, vytvoří účinný systém distribuce potravin a zásob a pomohou vyvinout a používat udržitelnou energii, dopravu a zemědělské technologie.

Finanční prostředky vojenských a obranných sil budou použity k uspokojení potřeb lidí a vzájemná důvěra a úcta budou mít přednost před mezinárodní a mezikulturní nedůvěřivostí, etnickými a rasovými konflikty, represemi, ekonomickou nespravedlností a nerovností mezi pohlavími. Lidé i různé komunity budou ochotně spolupracovat a vytvářet užitečné vztahy.

Než abychom se jako lidstvo vrhali do konfliktů a válek, budeme se věnovat udržitelnému světu soběstačných a spolupracujících společenství a radostné budoucnosti plné míru, klidu a úplné seberealizace.

Na všechny z nás může čekat pokojný a udržitelný svět, ale bohužel právě nyní k němu nesměřujeme. Einstein nám vzkazuje: „Důležité úkoly, jimž čelíme, nemohou být vyřešeny na stejné myšlenkové úrovni, na jaké jsme je vytvořili." A právě o to se pokoušíme. Pokoušíme se potírat terorismus, chudobu, kriminalitu, zhoršování životního prostředí, choroby a další „civilizační neduhy" stejnými postupy, jakými jsme je na počátku způsobili. Usilujeme o technologická řešení a dočasná nápravná opatření, avšak nejenže nemáme představu, jak zařídit trvalou a zásadní změnu, chybí nám i vůle ji uskutečnit.

PLANETÁRNÍ VĚDOMÍ

Současná globální krize donutila lidstvo hledat nové cesty a způsoby myšlení, a třebaže jsou tyto způsoby prastaré, zachovávají si svou věcnou, prapůvodní moudrost. Planetární vědomí není vnímáno pouze jako pomocná představa, ale jako samotná podstata vývoje. Při bližším pohledu zjistíme, že nové planetární vědomí je ve skutečnosti staré, stále se vracející vědomí, jež bylo pouze znovu objeveno.

Je nejvyšší čas, aby bylo také znovu objeveno planetární vědomí. Měli jsme za to, že typické „normální" lidské vědomí je to, co obsáhneme svými pěti smysly, a vše ostatní jsme považovali za imaginární. Naše běžné vnímání končilo tam, kde končilo naše tělo, a jiné náhledy byly považovány za „new age", „mystické" nebo „ezoterické". V průběhu dějin se jen zcela výjimečně vyskytly představy o naší sounáležitosti a o možnosti, že jsme součástí většího celku.

Podíváme-li se na naše představy z historického hlediska, zjistíme, že toto tvrzení není zcela pravdivé. Zredukované, mechanické a roztříštěné uvažování, jež se v západním světě rozvinulo během posledních tří set let, není normou, ale výjimkou. Některé kultury tento názor nesdílejí a před objevením se mechanického pohledu na svět vycházejícího z uplatnění (či spíše nesprávné aplikace) Newtonovy přírodní filozofie na něm nelpěl ani západní svět.

V jiných kulturách i v západním světě před počátkem novověku bylo běžné vědomí v celé své jedinečnosti vlastní všemu lidstvu. Většina tradičních kultur nesouhlasí s tím, že lidé nemají nic společného kromě prchavých zájmů, které se náhodou shodují.

Počátky veškerých tradic moudrosti jsou součástí planetárního vědomí, v němž je uložen společný osud lidských bytostí – obyvatelů této planety. Chceme-li si zachovat naši existenci, chceme-li se postarat o to, aby naše děti a vnoučata měli jistou a udržitelnou budoucnost, *musíme* pomáhat planetární vědomí rozvíjet.

Pohyb vpřed zajistí přístup, jenž povede k vybudování soudržné lidské rodiny, planetární civilizace. Tato civilizace by neměla být zkostnatělou kulturou, kde se všichni řídí stejnými myšlenkami a jedna osoba či jeden národ tyto myšlenky diktuje ostatním; mělo by jít o civilizaci, jejíž jednotlivé prvky jsou pospojovány dohromady tak, aby udržovaly a rozvíjely celý systém – planetární civilizaci lidstva.

Součástí harmonie a klidu je rozmanitost a v historii přetrvaly jen společnosti oplývající touto rozmanitostí. Západní země během procesu vytváření technického a ekonomického pokroku roztříštily celistvost a jedinečnost celého systému a na rozmanitost zapomněly. Je nejvyšší čas k nápravě.

Z díla dr. Laitmana jsem pochopil, že kabala ve své původní podobě nejenže podporuje koncepci jedinečnosti, ale také nabízí praktická opatření k její obnově.

Upřímně doporučuji čtenářům, aby přečtení této knihy věnovali pozornost, jelikož nabízí více než jen povšechné znalosti prastaré moudrosti. Mimo jiné poskytuje klíč k zajištění blaha lidstva v těchto svízelných časech, kdy čelíme nebývalému úkolu rozhodnout se mezi *devoluční* cestou, vedoucí k celosvětovému kolapsu, a mezi *evoluční* cestou, jež nás může přivézt ke světu plnému klidu, harmonie, blaha a udržitelnosti.

Ervin Laszló

1
KABALA DŘÍVE A NYNÍ

MISTROVSKÝ PLÁN

Kabala není současný módní výstřelek Hollywoodu. Je známá po tisíce let a v době, kdy se poprvé objevila, měli lidé k přírodě mnohem blíže než nyní; vnímali důvěrnou provázanost s přírodou a rozvíjeli ji. Lidé nebyli natolik egocentričtí a tak odtržení od svého přirozeného prostředí jako dnes, neměli důvod izolovat se od přírody, byli její nedílnou součástí a rozvíjeli svou důvěrnou provázanost s přírodou.

Nedostatečné znalosti přírody lidem neumožňovaly, aby se cítili bezpečně, a obavy z přírodních sil je donutily přistupovat k přírodě jako k vyšší moci.

Blízkost přírody a její nevyzpytatelnost se projevily ve snaze poznat okolní svět a v touze určit, co nebo kdo ho ovládá.

Ukrýt se před přírodními živly a uniknout útrapám tak, jak můžeme dnes v naše „umělém" světě, tehdy nebylo snadné. Obavy z přírody a současně provázanost s ní dohnaly mnohé k hledání a odhalení plánu, jejž si příroda pro nás všechny připravila.

První průkopníci zkoumající přírodu chtěli vědět, zda skutečně existuje nějaký cíl, a pokud ano, jaká může být role lidstva v tomto mistrovském plánu. Ti, kdož dosáhli nejvyšší úrovně znalosti mistrovského plánu, byli nazváni *kabalisty*.

Významný kabalista Abraham po odhalení mistrovského plánu probádával jeho hloubku a předával ho dál. Pochopil, že plně porozumět plánu přírody lidem pomohou pouze záruky proti strádání a obavám, a nelitoval námahy na vzdělávání každého, kdo se chtěl učit. Abraham, tento první kabalista, založil dynastii učitelů kabaly: z nejnadanějších studentů vznikla nová generace učitelů a ti předávali vědomosti další generaci studentů.

Kabalisté nazývají tvůrce mistrovského plánu *Stvořitel* a vlastní plán *myšlenka stvoření*. Jinými slovy, když kabalisté hovoří o přírodě či přírodních zákonech, hovoří o Stvořiteli. A naopak hovoří-li o Stvořiteli, hovoří o přírodě a o přírodních zákonech. Tyto pojmy jsou synonymické.

Termín kabalista *pochází z hebrejského slova* Kabbalah *(přijetí). Původním jazykem kabaly byla hebrejština, jazyk vyvinutý kabalisty a pro kabalisty, aby jim pomohl vzájemně probírat duchovní záležitosti. Mnoho kabalistických knih bylo napsáno i v jiných jazycích, ale základní pojmy jsou vždy uvedeny v hebrejštině.*

Pojem *Stvořitel* neznačí pro kabalisty nadpřirozenou bytost, nýbrž další úroveň, které by měl člověk dosáhnout na své cestě za vyššími znalostmi. Hebrejské slovo pro Stvořitele je *Boreh* a skládá se ze dvou částí: *Bo* (*přijít*) a *Re'eh* (*vidět*); slovo Stvořitel je tedy osobním pozváním k setkání s duchovním světem.

KOLÉBKA VĚDY

Znalosti prvních kabalistů vedly k pochopení důležitých souvislostí a k objasnění přírodních jevů, se kterými se setkáváme. Zcela přirozeně se z nich stali učitelé a vědomosti, jež předávali, položily základy jak dávných, tak současných vědních oborů. Někdy jsou kabalisté považováni za lidi ukrývající se v tmavých, svíčkami osvětlených místnostech a sepisující magické posvátné knihy. Až do konce 20. století tomu tak bylo a toto utajování podnítilo vznik četných pověstí a legend; většina z nich sice není pravdivá, přesto stále ještě mate mnoho myslitelů.

> *Vliv utajování na kabalu rozebírá významný matematik a filozof Gottfried Leibnitz: „Vzhledem k tomu, že lidé neměli ten správný klíč k tajemství, byla žízeň po vědění nakonec uspokojena nejrůznějšími pověrami. Výsledkem byla jakási lidová kabala, jež měla jen pramálo společného se skutečnou kabalou a jež spolu s různými fikcemi zastřešenými společným názvem magie plní stránky knih."*

Na počátku nebyla kabala utajována: první kabalisté byli velmi otevření, nadšeně se angažovali ve společnosti a často zastávali vysoké funkce. Zřejmě nejznámějším kabalistou a současně významnou vůdčí osobností byl král David.

A právě tato angažovanost kabalistů pomohla jejich soudobým učencům vybudovat základy toho, co dnes známe jako západní filozofii a moderní vědy. Potvrzuje to i Johannes Reuchlin, humanista, klasický učenec a znalec antických jazyků a tradicí. Ve své knize *De Arte Cabbalistica* (Umění kabaly) uvádí: „Pythagoras, otec filozofie a můj učitel, převzal své učení od kabalistů... Jako první svým současníkům přeložil již neznámé slovo *kabala* řeckým slovem *filozofie*... Kabala nám nedovolí prožít život ve zmatku a naši mysl pozvedne do výšin vědění."

DALŠÍ SMĚRY

Filozofové nebyli kabalisté, nestudovali kabalu a nechápali hloubku jejího učení. Kabala vyžadovala specifický přístup, nebyla však rozvíjena potřebným způsobem a po rozšíření se do dalších částí světa, kde žádní kabalisté neexistovali, nabrala jiný kurz.

Západní filozofie sice převzala část kabalistického učení, avšak vydala se naprosto jiným směrem a pro lidstvo to znamenalo odklon od přímé cesty. Na rozdíl od kabaly zkoumající dění, jež nejsme schopni pojmout svými smysly, se vznikající vědní obory soustředily na materiální svět, a tedy na svět snadno uchopitelný všemi pěti smysly. Lidstvo se vydalo přesně opačným směrem, než jakým směřovalo původní učení kabaly, a toto sejití z cesty s sebou neslo následky, jež budou prozkoumány v následující kapitole.

ZÁVAŽNÉ DOTAZY

Do ústraní se kabalisté uchýlili před dvěma tisíci lety z prostého důvodu: o kabalu již nebyl zájem, neboť se lidstvo začalo zabývat rozvojem monoteistických náboženství a později i vědy. Obojí mělo poskytnout odpovědi na nejzákladnější dotazy lidí: „Jaké je naše místo ve světě a ve vesmíru?" a „Jaký je smysl naší existence?" Jinými slovy: „Proč jsme se narodili?"

Mnozí lidé si v současnosti více než kdy jindy uvědomují, že to, co fungovalo přes dva tisíce let, již jejich potřebám nevyhovuje a odpovědi poskytované náboženstvím a vědou je neuspokojují. Při pídění se po smyslu života se obracejí k východním naukám, k věštění, magii a mystice a někteří z nich opět objevují kabalu.

Kabala vznikla z potřeby nalézt odpovědi na zásadní dotazy, a může na ně tedy přímo odpovědět. Znovuobjevováním dávných odpovědí na téma smyslu života doslova napravujeme zpřetrhané vztahy mezi lidstvem a přírodou a jsme si vědomi, že k jejich narušení dochází vždy, když se odchýlíme od kabaly a přikloníme se k filozofii.

KABALA VSTUPUJE NA SCÉNU

Kabala se poprvé objevila přibližně před pěti tisíci lety v Mezopotámii (na území dnešního Iráku), v prastaré zemi, jež byla kolébkou všech dávných učení a mystik. Vznikly a vzkvétaly tu astrologie, věštění, numerologie, magie, čarodějnictví a kouzlení, z Mezopotámie se stalo kulturní centrum tehdejšího světa a lidé věřící v mnoho různých učení byli nezřídka stoupenci více než jen jedné nauky.

Dokud je jejich víra uspokojovala, necítili potřebu změny, chtěli pouze vědět, že jsou v bezpečí, a zajímalo je, jak si mohou zpříjemnit život. Lidé se nepídili po původu života a ani se neptali, kým nebo čím byla určena jeho pravidla.

Může to vypadat jako nepatrná nuance, avšak ve skutečnosti je rozdíl mezi zájmem o život a o pravidla, jež ho utvářejí, stejný jako rozdíl mezi tím, když se učíme řídit auto, a snahou ho vyrobit – pokaždé se jedná o naprosto odlišnou úroveň vědění.

MOTOR ZMĚN

Touhy se neobjevují zčistajasna, formují se v nás bez našeho vědomí a vynořují se, až když jsou zřejmé, například když si řekneme: „Chci pizzu." Do té doby si jich nejsme vědomi a vnímáme je jen jako jakýsi neklid. Všichni jsme zažili ten pocit touhy po něčem, co neumíme pojmenovat, a právě to je ona touha, jež ještě nedozrála.

Platon řekl: „Potřeba je matkou invence" a měl pravdu. Totéž uvádí kabala: jediný způsob, jak se něco naučit, je chtít se to naučit. Jednoduše řečeno, pokud něco chceme, uděláme vše, abychom to získali – uděláme si čas, napneme všechny síly a osvojíme si potřebné dovednosti. Je tedy zřejmé, že motorem změn je touha.

Touhy měly velký vliv na historii lidstva, a jak se rozvíjely, nutily lidi zkoumat okolní prostředí a snažit se uspokojit jejich přání. Na rozdíl od nerostů, rostlin a zvířat se lidé neustále vyvíjejí a touhy každé další generace jsou silnější.

PŘEVZETÍ ŽEZLA

Motor změn, tedy ona touha, se skládá z pěti úrovní označených čísly 0–4 a kabalisté ho považují za „vůli přijímat radost" či prostě za „vůli přijímat". Zhruba před pěti tisíci lety v době, kdy se objevili první kabalisté, byla vůle přijímat na úrovni 0. Není těžké odhadnout, že se v současnosti nacházíme na úrovni 4, tedy na nejintenzivnější úrovni.

V počátcích, kdy se vůle přijímat nacházela na úrovni 1, nebyly touhy lidí natolik silné, aby je dokázaly oddělit od přírody a od sebe navzájem. Nyní považujeme soulad s přírodou za přirozený způsob života, a abychom tak dokázali žít, utrácejí mnozí z nás nemalé množství peněz za meditaci, jež nám má pomoci, avšak výsledek není zaručen. Tehdy lidé neznali jiné cesty, a dokonce ani nevěděli, že mohou být odděleni od přírody a zda to vůbec chtějí.

Vzájemná komunikace a komunikace s přírodou byly natolik ucelené, že nebylo třeba slov a lidé se dorozumívali pomocí myšlenek. Byla to doba jednoty, kdy se veškeré lidstvo chovalo jako jeden národ.

Náhle začalo v Mezopotámii docházet ke změnám, touhy zesilovaly, lidé byli egoističtější, chtěli měnit přírodu a využívat ji pro sebe. Než aby se přizpůsobili přírodě, snažili se ji změnit tak, aby vyhovovala *jejich* potřebám, vzdalovali se jí a izolovali se od ní i od sebe navzájem. Teprve nyní, o mnoho a mnoho století později, zjišťujeme, že to nebyl dobrý nápad a že to takto nefunguje.

Jakmile se lidé postavili do opozice proti okolnímu prostředí a společnosti, již se nemohli považovat za jednu rodinu a příroda přestala být jejich domovem, neboť lásku nahradila zášť a lidé se rozcházeli a vzájemně se od sebe izolovali.

Jediný národ se rozštěpil a rozpadl na dvě skupiny, z nichž jedna směřovala k východu a druhá k západu. Obě skupiny se dále štěpily a dělily, až nakonec vzniklo velké množství národů.

Nejzřejmějším symptomem dělení byl vznik různých jazyků – tuto skutečnost popisuje bible jako *babylonské zmatení jazyků*. Rozdílné jazyky způsobily vzájemnou izolaci lidí, zmatek a selhávání. V hebrejštině se zmatek vyjadřuje slovem *Bilbul*, a abychom na tento zmatek nezapomněli, bylo hlavní město Mezopotámie pojmenováno *Babel* (Babylon).

S přírodou jsme konfrontováni vždy, když naše touhy přerostou z úrovně 0 na úroveň 1, a místo abychom korigovali stále narůstající egoismus a snažili se ho uvést do souladu s přírodou, a tedy se Stvořitelem, postavili jsme mechanický a technický štít, aby nás před ní chránil. Prvotní pohnutkou pro rozvoj vědy a techniky byla snaha uchránit naši existenci před přírodními živly, a ať už si toho jsme vědomi či nikoliv, ve skutečnosti se pokoušíme ovládat Stvořitele a převzít žezlo.

V době, kdy byl na pořadu dne Bilbul, žil Abrahám v Babyloně a pomáhal otci vyrábět malé modly, jež pak společně prodávali v rodinném obchodě. Abrahám se nacházel přesně uprostřed pulzujícího chaosu nápadů, jimž se tak dařilo v Babylonu – New Yorku dávného světa. Tento zmatek navíc objasňuje Abrahámův dotaz, jehož zodpovězení mu pomohlo odhalit přírodní zákon: „Kdo je majitelem sídla vlády?" Jakmile si uvědomil, že existuje důvod ke zmatku a odcizení, okamžitě tuto skutečnost sděloval všem, kdo byli ochotni poslouchat.

SKRÝVÁNÍ, HLEDÁNÍ A NENACHÁZENÍ

Egoismus narůstal a dosahování vyšších úrovní znamenalo další odklon od přírody, a tedy od Stvořitele. V kabale se vzdálenost neměří na centimetry a kilometry, nýbrž *vlastnostmi*. Vlastnostmi Stvořitele jsou celistvost, spojitost a dávání a my jsme ho schopni vnímat, pouze pokud s ním tyto jeho kvality sdílíme. Jsme-li egocentričtí, nemůžeme se v žádném případě napojit na něco tak uceleného a altruistického, jako je Stvořitel. Je to jako pokoušet se uvidět člověka, ke kterému jsme otočeni zády.

Pokud jsme ke Stvořiteli takto natočeni a chceme ho ovládat, je zřejmé, že čím více se snažíme, tím jsme znechucenější, neboť nemůžeme ovládat něco, co nevidíme, a dokonce ani nevnímáme. Naše touha může být splněna, pouze pokud se otočíme čelem vzad, podíváme se správným směrem a nalezneme ho.

Mnozí lidé jsou znechuceni nesplněnými sliby, dle kterých technologie přispěje k bohatství, ke zdraví, a co je nejdůležitější, k bezpečnějším zítřkům. Jen velmi málo lidí je bohatých a zdravých a nikde není psáno, že tomu tak musí být i zítra, avšak má to jednu výhodu: jsme nuceni přezkoumat svůj dosavadní postup a zeptat se: „Je možné, že bychom po celou dobu kráčeli po špatné cestě?"

Zejména nyní, kdy jsme si vědomi krizí a bezvýchodných situací, jimž čelíme, můžeme otevřeně připustit, že jsme se vydali slepou uličkou. Místo abychom se zaměřili na technologii, jež nám vynahrazuje naši sobeckou opozici vůči přírodě, měli bychom přeměnit egoismus na altruismus a následnou jednotu s přírodou.

Tato přeměna je v kabale nazývána slovem *Tikkun* (*náprava*). Abychom pochopili svůj opoziční postoj vůči Stvořiteli, musíme si přiznat rozkol, ke kterému došlo před pěti tisíci lety uvnitř nás – lidských bytostí. Jedná se o „rozeznání zla" v našem nitru, což není nic lehkého, avšak je to první krok ke skutečnému zdraví a spokojenosti.

GLOBÁLNÍ KRIZE A ŠŤASTNÝ KONEC

Během posledních pěti tisíc let se obě frakce odtržené od Mezopotámie vyvinuly v civilizace; jedna je známá jako *západní civilizace* a o druhé se hovoří jako o *východní civilizaci*.

Zhoršení vztahů mezi oběma civilizacemi se odvíjí od vyvrcholení procesu, jenž započal při prvním dělení. Před pěti tisíci lety způsobil nárůst egoismu rozdělení jediného národa a odloučení jeho členů a nyní je čas, aby se tento národ, jímž je lidstvo, opět sjednotil. Stále se nacházíme ve zlomovém bodě, ale v současnosti si toho jsme vědomi.

Za počátek opětovného spojení a vzniku nové civilizace je na základě moudrosti kabaly považován kulturní rozpor spolu s nově se vynořující vírou v mysticismus, jenž byl běžný v dávné Mezopotámii. Konečně si začínáme uvědomovat, že jsme všichni na jedné lodi a že je třeba znovu nastolit stav, který tu byl před rozdělením. Obnovením jednoty lidstva obnovíme i naše vztahy s přírodou, respektive se Stvořitelem.

EGOISMUS A PATOVÁ SITUACE

Během rozkvětu mysticismu byla objevena moudrost kabaly a příčina postupného nárůstu egoismu. Dle kabalistického učení vzniklo vše, co existuje, z touhy po naplnění tužeb.

Touhy nemohou být vyplněny ve své přirozené formě, tedy tehdy, kdy jsou sebestředné; důvod je prostý: uspokojíme-li touhu, zrušíme ji, a pokud zrušíme touhu po něčem, už se z tohoto *něčeho* nemůžeme radovat.

Například sníme o oblíbeném jídle a vzápětí se vidíme v exkluzivní restauraci, sedíme pohodlně u stolu a usmívající se číšník přinese přikrytý podnos; postaví ho a nadzvedne pokličku. Hmm, ta úžasně povědomá vůně! Ještě si to užíváme? Naše tělo ano, právě proto uvolňuje žaludeční šťávy již při pouhém pomyšlení na toto jídlo.

Ale jakmile začneme jíst, potěšení se postupně vytrácí. Čím jsme plnější, tím menší potěšení nám jídlo poskytuje, a pokud jsme plní, již se nedokážeme z jídla radovat a přestáváme jíst. Nepřestaneme jíst proto, že jsme plní, ale proto, že při plném žaludku nám jídlo nepřináší žádné potěšení. Tomuto jevu se říká *patová situace egoismu*; dostali jsme, po čem jsme toužili, ale už to nechceme.

A protože nedokážeme žít bez potěšení, *musíme* vyhledávat nové a ještě větší radosti, což provádíme pomocí rozvoje dalších tužeb, ale i ty zůstávají neuspokojeny. Ocitáme se ve velmi krutém kruhu: čím více něco chceme, tím prázdnější se cítíme. A čím jsme prázdnější, tím jsme otrávenější.

Nacházíme se na nejvyšší úrovni tužeb v celé naší historii, a je tedy zřejmé, že jsme nespokojeni více než kdykoliv dříve, přestože je naprosto evidentní, že máme všeho více, než měli naši otcové a praotcové. Podstatou současné krize je kontrast mezi tím, co máme na straně jedné, a naší rostoucí nespokojeností na straně druhé. Čím jsme egoističtější a čím více se cítíme prázdní, tím horší je pak krize.

NUTNOST ALTRUISMU

Původně byli všichni lidé vnitřně propojeni, sami sebe vnímali jako jednu bytost a příroda se k nim tak i chovala. Tato společně sdílená bytost je nazývána *Adam* z hebrejského slova *Domeh* (*podobný*) ve smyslu podobný Stvořiteli, jenž je také jediný a celistvý. Navzdory původní jedinečnosti začal narůstat egoismus a lidé postupně ztráceli pocit vnitřní jednoty, neboť se od sebe navzájem stále více vzdalovali.

Knihy o kabale uvádějí, že plánem přírody je udržovat růst egoismu až do chvíle, kdy si uvědomíme svoji izolovanost a vzájemnou nenávist. Je logické, že nejprve se musí každý člověk cítit jako samostatný tvor, a teprve poté se z něj stane egoistický a izolovaný jedinec. Následně si uvědomíme, že jsme pravým opakem Stvořitele, tedy naprostí egocentrici.

Jedině takto pochopíme, že egoismus je negativní, neuspokojující a bezvýchodný; egoismus nás odděluje od sebe navzájem i od přírody, a abychom to dokázali změnit, musíme si být celé situace vědomi. Teprve tehdy začneme toužit po změně a každý si nalezneme svůj vlastní způsob, jak se stát altruistou a spojit se s ostatními lidmi i s přírodou, tedy se Stvořitelem. Motorem této změny je touha.

Kabalista Jehuda Ašlag píše, že vstup vyššího světla do touhy a jeho následný výstup připravuje nositele touhy na jeho altruistický úkol, jinými slovy, chceme-li vnímat jednotu se Stvořitelem, je třeba být s ním nejprve spojení a následně zažít ztrátu této jednoty. Vědomě se rozhodnout budeme schopni, pouze pokud zažijeme oba stavy, a právě ono vědomí je pro skutečnou jednotu nezbytné.

Tento proces můžeme připodobnit k dítěti, jež je na počátku svého života spojeno s rodiči, v dospívání se bouří, a jakmile dosáhne dospělosti, teprve chápe a ospravedlňuje způsob výchovy.

Altruismus si ve skutečnosti nelze zvolit, pouze se nám zdá, že se můžeme rozhodnout, zda budeme egoističtí, či altruističtí. Pokud se podíváme na přírodu, zjistíme, že altruismus je nejdůležitějším přírodním zákonem, například každá buňka v těle je ze své podstaty egoistická, ale aby mohla existovat, musí se vzdát svých egoistických tendencí ve prospěch blaha celku. Odměnou je jí zažívání nejen vlastní existence, ale i života celého těla.

Podobné vzájemné propojení musíme vytvořit i my, a čím úspěšnější při vytváření vztahů budeme, tím silněji začneme místo své pomíjivé fyzické existence vnímat věčnou existenci Adama.

V současnosti je altruismus pro naše přežití nezbytný. Je zjevné, že jsme vzájemně propojeni, jeden na druhém závislí a tato závislost vytváří novou a velmi přesnou definici altruismu: každý skutek či záměr, jenž vyvstává z potřeby sloučit lidstvo, je považován za altruistický, a naopak každý skutek či záměr, jenž nesměřuje ke sjednocení lidstva, je egoistický.

Naše opozice vůči přírodě je tedy zdrojem veškerého utrpení, kterého jsme svědky. Nerosty, rostliny, zvířata i vše ostatní v přírodě se instinktivně řídí altruistickým přírodním zákonem; v rozporu s přírodou a vlastně se Stvořitelem je pouze chování člověka.

A co víc, utrpení, jehož jsme svědky, není pouze naše vlastní, neboť našimi nesprávnými činy trpí i ostatní části přírody. Člověk je jediným rušivým elementem v přírodě, pokud se neřídí přírodním zákonem altruismu. Zjednodušeně můžeme říci, že pokud se zbavíme egoismu a budeme se chovat altruisticky, dojde k nápravě i všeho ostatního, tedy ekologie, hladomoru, válek a celé společnosti.

ZVÝŠENÁ VNÍMAVOST

Altruismus neznamená pouze to, že dáváme přednost ostatním před sebou samými. Jeho přínos je mnohem větší: myslíme-li na ostatní, sjednotíme se s nimi a oni s námi.

V současnosti je na světě 6,5 miliardy lidí. Co kdybychom místo dvou rukou, dvou nohou a jednoho mozku měli 13 miliard rukou, 13 miliard nohou a 6,5 miliardy mozků, jenž nás řídí? Zní to divně? Nemusí, všechny mozky budou pracovat jako jeden a všechny ruce se budou chovat jako jediný pár rukou, neboť celé lidstvo bude fungovat jako jedno tělo, jehož schopnosti se šestapůlmiliardkrát znásobí.

A to nejsou veškeré přínosy: v tomto nadlidském stadiu obdrží každý, kdo se stane altruistickým, ten nejžádanější dar – vševědoucnost, tedy absolutní paměť a veškeré vědomosti. Altruismus je základní vlastnost Stvořitele, a pokud ji získáme, vyrovná se naše povaha s jeho a my začneme *myslet* jako on. Budeme si uvědomovat, proč se dějí různé věci, kdy se mají dít a co máme udělat, pokud chceme, aby byl jejich průběh jiný. V kabale se tento stav nazývá *rovnocennost formy* a je smyslem Stvoření.

Kvůli stavu zvýšeného vnímání a rovnocennosti formy jsme byli stvořeni, sjednoceni a posléze rozděleni, abychom se mohli opět spojit a během sjednocování zjistili, proč příroda dělá to, co dělá, a stali se stejně moudrými jako myšlenka, jež ji stvořila.

Po spojení se s přírodou si budeme připadat stejně věční a dokonalí jako příroda sama, a dokonce až naše těla zemřou, budeme vnímat, že naše existence pokračuje ve věčné přírodě. Předchozí egocentrické vnímání bude nahrazeno altruistickým a fyzický život a smrt nás již nebudou ovlivňovat, neboť naše vlastní životy se stanou součástí života přírody.

JE ČAS

Přibližně před dvěma tisíci lety byla napsána kabalistická bible – kniha *Zohar*. Píše se v ní, že ke konci dvacátého století nabude egoismus lidí nebývalé intenzity.

Čím více toho chceme, tím prázdněji se cítíme a největší prázdnotu zažíváme od konce dvacátého století. V knize *Zohar* je uvedeno, že jakmile lidé tuto prázdnotu pocítí, budou potřebovat prostředky, jež ji odstraní a které jim pomohou cítit se spokojeně – tehdy nastane čas představit veškerému lidstvu kabalu jako prostředek k dosažení naplnění pomocí podobnosti s přírodou.

Tikkun, jak je dosažení naplnění nazýváno, se neodehraje během jediného okamžiku a nedosáhnou ho současně všichni lidé; *Tikkun* rozvíjí vůli, a aby k němu došlo, musíme *chtít*, aby se tak stalo.

K nápravě začne docházet ve chvíli, kdy si uvědomíme, že egoistická povaha je zdrojem veškerého zla. Bude to velmi osobní a silný zážitek, jenž nás přivede k touze po trvalé změně a posune od egoismu k altruismu.

Stvořitel s námi zachází jako s jedinou bytostí. Egoisticky jsme se snažili dosáhnout svých cílů, avšak nyní zjišťujeme, že své problémy můžeme vyřešit pouze společně a altruisticky, a čím více si budeme vědomi svého egoismu, tím více budeme chtít využívat metodu kabaly ke změně své povahy na altruistickou. Neudělali jsme to ve chvíli, kdy se kabala poprvé objevila, ale můžeme se tak zachovat nyní, protože již víme, že tuto změnu potřebujeme.

Posledních pět tisíc let evoluce člověka bylo procesem zkoušení jedné metody, zkoumání potěšení, jež poskytuje, a následného rozladění a přechodu k jiné metodě. Metody přicházely a odcházely a my jsme nebyly šťastnější, avšak nyní se vynořila kabala korigující nejvyšší stupně egoismu a my již nemusíme zažívat zklamání – s její pomocí napravíme nejhorší egoismus a logicky budou následovat všechny ostatní nápravy. A již při první změně můžeme pociťovat naplnění, inspiraci a radost.

V KOSTCE

Moudrost kabaly, jinými slovy moudrost přijetí, se poprvé objevila zhruba před pěti tisíci lety, tedy v době, kdy lidé začali pátrat po smyslu své existence. Ti, kdož věděli, byli nazýváni *kabalisté*: znali smysl života a poslání lidstva ve vesmíru.

Touhy většiny lidí byly příliš nízké, než aby usilovali o tyto vědomosti, a když kabalisté zjistili, že lidstvo jejich moudrost nepotřebuje, skryli ji a tajně připravovali na dobu, kdy na ni budou všichni připraveni; lidstvo mezitím podporovalo rozvoj jiných směrů, například náboženství a vědy.

V současnosti je stále větší množství lidí přesvědčeno, že náboženství a věda neposkytují odpovědi na nejzávažnější dotazy. Začínají se ohlížet jinam, a to je ta chvíle, na niž kabala čekala a proč se znovu objevila – aby poskytla odpověď na smysl života.

Kabala uvádí, že příroda, jež je synonymem pro Stvořitele, je nedotčená, altruistická a sjednocená a že je třeba jak porozumět přírodě, tak vnést stejné hodnoty do svých životů.

Kabala dále uvádí, že pokud tak budeme činit, nejenže se vyrovnáme přírodě, ale také pochopíme myšlenku, jež se nachází v jejím pozadí, a tedy mistrovský plán; pochopíme-li mistrovský plán, vyrovnáme se Mistru plánovači, a to je celý smysl Stvoření – vyrovnat se Stvořiteli.

2
NEJVĚTŠÍ PŘÁNÍ

Seznámili jsme se s prapůvodem kabaly a nyní nastal čas podívat se, jak s námi kabala souvisí.

Jak je možné tušit, studium kabaly s sebou nese velké množství cizích termínů, z nichž je většina hebrejských, některé pocházejí z aramejštiny a zbytek z jiných jazyků, například z řečtiny. Dobrou zprávou je, že začátečníci, a dokonce i středně pokročilí studenti si vystačí pouze s několika termíny. Tyto výrazy představují duchovní stavy, a pokud jimi budete procházet, odhalíte jejich správné názvy.

Kabala se zabývá touhami a způsoby, jak tyto touhy uspokojit. Probádala lidskou duši a její vývoj od skromných počátků duchovního zárodku až po vyvrcholení ve formě *Stromu života*. Jakmile jednou pochopíte podstatu kabaly, zbytek se naučíte skrze své srdce.

ODRAZOVÝ MŮSTEK RŮSTU

Začneme tam, kde jsme skončili v první kapitole: řekli jsme si, že vše by mohlo být skvělé, pokud bychom se naučili pracovat se svým egoismem, spojili se s ostatními a vytvořili jedinou duchovní bytost. Dokonce jsme zjistili, že k tomu máme prostředek – metodu zvanou *kabala*, jež byla vytvořena právě k tomuto účelu.

Pokud se dobře rozhlédneme, musí nám být jasné, že nesměřujeme k optimistické budoucnosti a že se nacházíme ve velké krizi. Je zjevné, že neexistuje oblast, ať už v našem osobním životě, ve společnosti či v přírodě, jež by nebyla touto krizí poznamenána, a pokud jsme doposud neutrpěli žádnou újmu, neznamená to, že to tak i zůstane.

Krize samy o sobě nemusejí být nutně negativní, mohou naznačovat, že současný stav se přežil a je třeba posunout se do další fáze. Za důsledky krize v různých oblastech můžeme považovat demokracii, průmyslovou revoluci, zrovnoprávnění žen či kvantovou fyziku.

Současná krize se od předchozích nijak zvlášť neliší, pouze je mnohem intenzivnější a dotýká se celého světa, a tak je jako kterákoliv jiná krize příležitostí ke změně a odrazovým můstkem k růstu. Pokud se rozhodneme správně, mohlo by se veškeré utrpení jednoduše rozplynout a my bychom mohli být schopni celému světu obstarat potraviny, vodu a přístřeší, nastolit celosvětový mír a vytvořit prosperující a dynamickou

planetu. Ovšem aby se tak stalo, musíme *chtít*, aby se tak stalo, a vybrat si to, co příroda *chce*, abychom si vybrali – sjednocení namísto současné separace.
Proč se tedy nechceme spojit? Proč se vzájemně odcizujeme? Čím větší děláme pokroky a čím více vědomostí nabudeme, tím jsme nespokojenější. Naučili jsme se postavit kosmickou loď, sestrojit robota velikosti molekuly i rozšifrovat genom člověka, proč jsme se tedy nenaučili být šťastní?
Čím více toho o kabale víme, tím více zjišťujeme, že nás dovede až k podstatě věcí, a než poskytne jakékoliv odpovědi, vysvětlí, proč se nacházíme v daném stadiu; jakmile známe podstatu situace, jen zcela výjimečně potřebujeme další vedení. Podívejme se, co jsme se doposud naučili, a možná zjistíme, proč jsme ještě neobjevili klíč ke štěstí.

ZA ZAVŘENÝMI DVEŘMI

Člověk... je-li nedostatečně či nevhodně vzdělaný, je to to nejprimitivnější stvořením na Zemi.
Platon, *Zákony*

Vědomosti byly vždy pokládány za výhodu. Špionáž není výdobytkem novověku, je stará jako lidstvo samo a vznikla kvůli potřebě informací; sporné bylo pouze to, *kdo* je potřebuje.
V minulosti byli dobře informovaní jedinci nazýváni *mudrci*; vědomosti, jimiž byli obdařeni, byly

tajemstvími přírody a mudrci je ukrývali, protože se báli, že by se mohly dostat do nesprávných rukou.
Avšak jak určit, kdo má na vědomosti nárok? Máme právo skrývat mimořádné informace? Je zcela přirozené, že nikdo z nás nesouhlasí s tvrzením, že není hoden informací, a tak se snažíme „ukrást" ty, o které máme zájem a jež nejsou volně k dispozici.

Před tím, než egoismus dosáhl své nejvyšší úrovně, byla situace zcela jiná a lidé dávali přednost veřejnému prospěchu před svým vlastním, neboť vnímali propojení s přírodou a celým lidstvem; jednalo se o zcela přirozený způsob existence.

Avšak naše kritéria doznala dramatických změn a v současnosti věříme, že máme právo znát vše a dělat cokoliv, ostatně tak nám to zcela automaticky diktuje náš egoismus.

Dokonce ještě předtím, než se lidé dostali na čtvrtou úroveň touhy, vyměňovali učenci svou moudrost za materiální statky, například za peníze, čest a moc; materiální pokušení sílilo a lidé již nedokázali udržet skromný způsob života a zaměřit veškeré své úsilí na probádání přírody. Moudří lidé začali využívat své znalosti k získání materiálních potěšení.

S technologickým pokrokem a se zvýšeným nátlakem našich eg se zneužívání vědomostí stalo pravidlem; čím jsou technologie pokročilejší, tím více jsme nebezpeční jak sami sobě, tak svému okolí, a čím jsme mocnější, tím zakoušíme větší pokušení mít to, co chceme.

Vůle přijímat má čtyři úrovně intenzity, a čím je silnější, tím větší je náš morální úpadek. Není tedy divu, že se nacházíme v krizi, a také je zcela zřejmé, proč mudrci ukryli své vědomosti a proč je jejich vlastní egoismus nutí tyto vědomosti nyní odhalit.

Nezměníme-li sami sebe, nepomohou nám ani naše znalosti a ani pokrok; právě naopak – způsobí nám ještě větší újmy. Bylo by tedy značně naivní očekávat, že nám vědecký pokrok zajistí spokojený život. Toužíme-li po slibnější budoucnosti, musíme změnit sami sebe.

VÝVOJ TUŽEB

Tvrzení, že naše povaha je egoistická, jen stěží někoho překvapí, ale jelikož je náš egoismus přirozený, jsme všichni bez výjimky náchylní ke zneužívání toho, co známe. Neznamená to, že své znalosti využijeme ke spáchání trestného činu, avšak mohou nám pomoci ve zdánlivě bezvýznamných situacích, jako například při povýšení v práci, třebaže jsme si to nezasloužili, či pro zničení milostného vztahu našeho přítele.

Lidská povaha není ve skutečnosti egoistická, egoistické je Já. První konfrontace s vlastním egoismem je zážitek, jenž je důvodem k zamyšlení.

Existuje skutečně dobrý důvod pro neustálý vývoj touhy přijímat a my se o něm zmíníme o chvilku později; nejprve se zaměříme na roli tohoto vývoje při získávání vědomostí.

Každá nová touha vytvoří nové potřeby a při pátrání po způsobech, jak tyto potřeby uspokojit, rozvíjíme a zdokonalujeme své myšlení. Jinými slovy – jedná o vývoj vůle přijímat potěšení, jež vytváří evoluci.

Pohled na historii lidstva z perspektivy evoluce tužeb ukazuje, jak nárůst tužeb vede k objevům a vynálezům a každý objev je ve své podstatě nástrojem, jenž nám pomáhá uspokojovat stoupající potřeby a požadavky vytvářené našimi touhami.

> *První úroveň touhy souvisí s fyzickými potřebami, jako jsou jídlo, sex, rodina a domov; jedná se o nejzákladnější touhy sdílené všemi živými bytostmi.*
> *Na rozdíl od první se zbývající úrovně tužeb týkají výhradně lidí. Na druhé úrovni se nachází touha po majetku, na třetí úrovni touha po uznání a na čtvrté je touha po vědomostech.*

Spokojenost, nespokojenost, potěšení a strádání závisí na míře uspokojování potřeb a uspokojit potřeby vyžaduje úsilí. Dle kabalisty Jehudy Ašlaga jsme natolik orientováni na příjemné pocity, že: „Bez motivace nedokážeme udělat ani ten nejnepatrnější pohyb…, aniž bychom z něho nějakým způsobem profitovali." Dále uvádí: „Například pokud někdo posune ruku z křesla na stůl, činí tak z přesvědčení, že mu položení ruky na stůl přinese větší potěšení. Pokud by si to nemyslel, nechal by už navždy ruku na křesle."

V předešlé kapitole jsme hovořili o patové situaci egoismu, tedy o závislosti intenzity potěšení na intenzitě touhy. S rostoucí saturací se úměrně snižuje intenzita touhy, a když se touha rozplyne, zůstává potěšení. Je tedy zřejmé, že pokud chceme mít z něčeho požitek, nestačí po tom pouze zatoužit, musíme to chtít, jinak se naše potěšení vytratí.

Potěšení se nenachází v požadovaném předmětu, ale je uvnitř osoby, jež po potěšení touží. Například pokud šílíme po rybě, neznamená to, že je ryba potěšením; oním potěšením je *stav*, kdy se ryba nachází uvnitř *nás*.

Zeptejte se kterékoliv ryby, zda má požitek ze svého vlastního masa, a pochybuji, že bude její odpověď kladná. Klidně se mohu netaktně zeptat: „Ale proč z něho nemáš požitek? Když tě kousek ukousnu, chutnáš výtečně… A ty máš tolik masa! Kdybych byl tebou, jsem v sedmém nebi."

Samozřejmě že se nejedná o reálný dialog a nejen proto, že ryba nemluví. Zcela instinktivně cítíme, že si ryba nemůže užívat svého vlastního masa, avšak lidé mohou mít požitek z ochutnání ryby.

Proč nám chuť ryby přináší potěšení? *Protože po ní toužíme.* Rybě nemůže její vlastní maso přinášet požitek, jelikož po něm netouží.

Konkrétní touha po potěšení z konkrétní věci se nazývá *Kli (plavidlo/nástroj)*, přijetí potěšení prostřednictvím *Kli* je označováno jako *Or (světlo)* a pojetí Kli a Or je nesporně nejdůležitější koncepcí kabaly. Pokud vytvoříme Kli, nástroj pro Stvořitele, obdržíme jeho světlo.

OVLÁDÁNÍ TUŽEB

Již víme, že touhy jsou hnacím motorem pokroku. Podívejme se tedy, jak jsme s nimi v minulosti zacházeli. Většinou jsme k nim přistupovali dvěma způsoby:
1. Přeměnou všeho ve zvyk, „zkrocením" touhy či jejím přetvořením na každodenní rutinu.
2. Oslabením či potlačením touhy.

Většina náboženství využívá první možnost a každý čin „oceňuje" odměnou. Abychom dělali pouze věci považované za vhodné, jsme svými učiteli odměňováni kladnou zpětnou vazbou vždy, když uděláme něco „správného". Jak stárneme, odměn pozvolna ubývá, avšak vše, co děláme, je naší myslí označeno jako užitečné.

Pokud si na něco zvykneme, stane se to naší druhou přirozeností, a necháme-li se touto přirozeností vést, budeme sami se sebou spokojeni.

Druhý způsob zacházení s touhami, tedy jejich oslabení, je využíván především východními naukami a řídí se prostým pravidlem: je lépe nechtít než chtít a nemít. Jak praví Lao-c' (604 př. n. l.–531 př. n. l.): „Dávejte najevo prostotu, vítejte jednoduchost, omezujte sobectví, mějte nemnoho tužeb." (*Tao-te--ťing*).

Po mnoho let se zdálo, že vystačíme pouze s těmito dvěma metodami, a třebaže jsme nedostali, po čem jsme toužili (v souladu s pravidlem, že pokud máme to, co jsme chtěli, již po tom netoužíme), pouhá snaha to získat byla uspokojující. Kdykoliv se vynořila nová touha, věřili jsme, že ta naše přání již jistě uspokojí, doufali jsme v to potud, pokud jsme o tom snili; kde je naděje, tam je život, a to i bez skutečného uspokojení snů.

Naše touhy rostly a bylo stále těžší uspokojit je nenaplněnými sny, prázdným Kli postrádajícím vše, co mělo obsahovat. Z tohoto důvodu byly tyto dva způsoby, tedy ovládnutí tužeb a jejich potlačení, do značné míry zpochybněny. Pokud nemůžeme potlačit své touhy, máme jedinou možnost – hledat způsob, jak je uspokojit: buď můžeme opustit zastaralé postupy, či je můžeme zkombinovat s novými cestami hledání.

NOVÁ TOUHA

Existují čtyři úrovně vůle přijímat: a) fyzická potřeba jídla, reprodukce a rodiny, b) hojnost, c) moc a síla a d) touha po vědomostech.

Tyto čtyři úrovně jsou dále rozděleny do dvou skupin: v první skupině se nachází první úroveň, tedy animální touhy sdílené všemi živými bytostmi, a ve druhé nalezneme druhou, třetí a čtvrtou úroveň, tedy výhradně lidské touhy. A právě druhá skupina nás dovedla tam, kde se nyní nacházíme.

Jak již bylo zmíněno v předchozí kapitole, dle knihy *Zohar* se na konci 20. století objeví nová touha; a ta již skutečně existuje a jedná se o pátou úroveň vůle přijímat.

Tato touha je vyvrcholením všech předcházejících úrovní, je nejmocnější a od ostatních tužeb ji odlišují její jedinečné rysy.

Hovoří-li kabalisté o srdci, nemají na mysli srdce fyzické, avšak odvolávají se na první čtyři úrovně tužeb. Pátá úroveň je zcela odlišná, neboť k uspokojení touhy na ní dochází skrze duchovnost, a ne na fyzické rovině. Tato touha je podstatou duchovního růstu, jímž má každý z nás projít, a z toho důvodu je kabalisty nazývána *místo v srdci*.

NOVÁ METODA PRO NOVOU TOUHU

Když se zjeví toto místo v srdci, odkloníme se od světských potěšení, jako jsou sex, peníze, moc a vědomosti, a začneme dávat přednost potěšením duchovním. Jedná o nový druh potěšení, a potřebujeme tedy novou metodu pro jeho uspokojení – *moudrost kabaly* (moudrost přijímání).

Abychom tuto metodu pochopili, podíváme se na rozdíl mezi moudrostí kabaly, jejímž cílem je naplnit touhu po duchovnu, a metodami používanými k uspokojení ostatních tužeb. „Obyčejnými" touhami můžeme docela snadno popsat to, co chceme: pokud potřebujeme jíst, poohlédneme se po jídle; toužíme-li po úctě, chováme se tak, aby si nás lidé vážili.

Ale jak dosáhneme duchovnosti, když nevíme, co to přesně je? Na počátku jsme nepochopili, že tím, co si skutečně přejeme najít, je Stvořitel, a také jsme si neuvědomili, že pro jeho vyhledání budeme potřebovat novou metodu. Tato touha je velmi odlišná od všeho, co jsme kdy vnímali, a proto je metoda jejího objevení a uspokojení nazvána *moudrost skrytého*.

V době, kdy jsme toužili pouze po potravě, sociálním statutu, a zejména po vědomostech, jsme moudrost skrytého nepotřebovali, jelikož jsme pro ni neměli použití; zůstala skryta, ne však zapomenuta. Během celých pěti tisíc let byla kabalisty zdokonalována a připravována na dobu, kdy by ji lidé mohli potřebovat, a aby byla pochopitelnější a přístupnější, psali o ní srozumitelné knihy.

Věděli, že by v budoucnosti mohla být potřebná, a tušili, že se tak stane, až se vynoří pátá úroveň touhy. Tato úroveň se již objevila a ti, kdo ji rozpoznali, vnímají potřebu moudrosti kabaly.

Řečeno slovy kabaly: abychom mohli přijmout potěšení, musíme mít Kli, tedy jasně definovanou touhu po velmi specifickém potěšení, a toto Kli nutí náš mozek nalézt způsob, jak se naplnit světlem Or. Nyní již mnozí z nás mají místa v srdcích a kabala představuje nástroj k uspokojení touhy po duchovnosti.

TIKKUN
– NÁPRAVA VŮLE PŘIJÍMAT

Jak již bylo uvedeno, vůle přijímat se nachází v patové situaci: když konečně dostaneme to, co chceme, téměř okamžitě to přestaneme chtít a bez touhy si nemůžeme nic užít.

Součástí touhy po duchovnosti je jedinečný mechanismus nazývaný *Tikkun* (*náprava*), jenž umožňuje vyhnout se patové situaci; touha páté úrovně, má-li být účinně a příjemně využívána, musí být tímto Tikkunem „obalena". Pokud porozumíme Tikkunu, lépe pochopíme kabalu.

Vůle přijímat je hybnou silou veškerého pokroku a každé změny ve společnosti, avšak touha přijímat souvisí s přijímáním potěšení pro naše vlastní uspokojení. Na touze přijímat potěšení není nic špatného, ovšem *záměr* využít ji pro vlastní potěšení nás staví do opozice vůči přírodě, a tedy Stvořiteli, a vlastně nás od něj separuje, což je v konečném důsledku příčinou veškerého neštěstí a nespokojenosti.

Tikkun nenastává ve chvíli, kdy přestaneme přijímat; nastává ve chvíli, kdy změníme důvod přijímání, tedy když změníme *záměr*. Přijímáme-li kvůli sobě, jedná se o egoismus; přijímáme-li kvůli sjednocení se se Stvořitelem, jedná se o altruismus, jehož cílem je soulad s přírodou.

Měli bychom například požitek z několikaměsíčního a každodenního pojídání stejného pokrmu? Pravděpodobně ne, a přesto se přesně toto vyžaduje po malých dětech. Nemají možnost výběru, jediným důvodem jejich souhlasu je fakt, že neznají nic jiného, přesto jim to nepřináší více potěšení než jen naplnění prázdného žaludku.

Nyní se zamysleme nad matkou krmící dítě. Představme si její tvář s nadšeným výrazem a pohled na zdravě papajícího potomka, jenž ji vynáší do sedmého nebe. Dítě může být a většinou je spokojené, ale jeho matka je radostí bez sebe.

Vysvětlení je prosté: oba si užívají touhu dítěte po jídle, avšak zatímco se dítě soustřeďuje na svůj vlastní žaludek, matčino potěšení je nesrovnatelně větší – má požitek z podávání jídla svému dítěti. Nesoustřeďuje se na sebe, neboť se soustřeďuje na své dítě.

Naprosto stejně to funguje s přírodou: víme-li, co po nás žádá, a vykonáme to, pocítíme potěšení z dávání, avšak ne na instinktivní úrovni, jako je tomu běžně u matek, ale na duchovní úrovni naší provázanosti s přírodou.

V hebrejštině, původním jazyku kabaly, se záměr, tedy vnitřní intence, nazývá *kavana* a Tikkun znamená aplikovat na naše touhy správnou kavanu. Odměnou za provádění Tikkunu a za kavanu je naplnění našeho posledního a největšího přání – touhy po duchovnosti, po Stvořiteli. Po uspokojení této touhy pochopíme systém ovládající naši realitu, zapojíme se do jeho vytváření a nakonec obdržíme klíče a převezmeme žezlo. Již nebudeme zažívat život a smrt v jejich současné podobě a náš život se změní ve snadné a radostné proplouvání věčností, v nekonečný proud blaha a celistvosti, v jednotu se Stvořitelem.

V KOSTCE

Existuje pět úrovní tužeb rozdělených do tří skupin, v první skupině se nacházejí animální touhy (potrava, reprodukce, domov), druhá zahrnuje lidské touhy (peníze, uznání, znalosti) a třetí skupinu tvoří duchovní touha (místo v srdci).

Dokud byly aktivní pouze první dvě skupiny tužeb, spokojili jsme se s jejich „zkrocením" pomocí rutiny a potlačování, avšak ve chvíli, kdy se objevilo místo v srdci, přestaly první dva způsoby fungovat a nastala potřeba poohlédnout se po něčem jiném. Právě tehdy se po tisících letech čekání na pravou chvíli vynořila moudrost kabaly.

Moudrost kabaly je nástrojem pro Tikkun (nápravu) a jejím používáním můžeme změnit kavanu (záměr) z touhy po sebeuspokojování definované jako egoismus na touhu uspokojit celou přírodu (Stvořitele), jež je definovaná jako altruismus.

Současná globální krize je krizí touhy, a pokud použijeme moudrost kabaly k uspokojení největší touhy ze všech – touhy po duchovnosti, veškeré problémy se vyřeší automaticky, neboť jejich podstatou je duchovní nespokojenost, již mnozí zažívají.

3
POČÁTEK STVOŘENÍ

Prokázali jsme, že nastala skutečná potřeba studia kabaly, a je tedy načase seznámit se s některými základy této moudrosti. Rozsah knihy neumožňuje úplné prozkoumání *vyšších světů*, přesto budeme mít na konci této kapitoly dostatečné základy pro další důkladné studium kabaly.

A nyní pár slov k obrázkům: knihy zabývající se kabalou jsou a vždy byly plné obrázků, jež napomáhají popsat duchovní stavy; kabalisté od samého počátku používali kresby jako nástroje k vysvětlení toho, co zažili na své duchovní cestě. Je třeba si uvědomit, že kresby *nepředstavují* skutečné předměty, jsou pouhými obrázky vysvětlujícími *duchovní* stavy, které souvisejí s nejintimnějším vztahem ke Stvořiteli a k přírodě.

DUCHOVNÍ SVĚTY

Stvoření je cele postavené na touze přijímat potěšení. Tato touha se vyvíjela ve čtyřech fázích, z nichž poslední je nazývána *bytost* (viz obr. 1), a schéma evoluce tužeb je základem všeho jsoucího.

Obrázek 1 popisuje schopnosti bytosti, a budeme-li ho chápat jako příběh, uvědomíme si, že zobrazuje emocionální a duchovní stavy, nikoliv místa a předměty.

Než je cokoliv vytvořeno, musí to být vymyšleno a naplánováno; tomuto procesu se říká *stvoření* a nápad, jenž způsobí, že ke stvoření dojde, je nazýván *myšlenkou stvoření*.

Jak již bylo zmíněno v první kapitole, strach z přírody donutil lidi, aby se pokusili odhalit její plány, a oni během svých pozorování zjistili, že plánem přírody je, abychom přijímali potěšení. Ovšem ne ledajaké potěšení, ne takové, jaké můžeme vnímat v tomto světě. Příroda (Stvořitel) si přeje, abychom přijímali velmi výjimečné potěšení – potěšení ze ztotožnění se se sebou samými, a tedy se Stvořitelem.

Podíváme-li se na obrázek 1, uvidíme, že myšlenkou stvoření je touha poskytovat bytostem potěšení nazývané *světlo*; stejný základ má i stvoření, z nějž jsme vzešli my.

K popisu touhy přijímat potěšení – světlo, používají kabalisté slovo *Kli* (*plavidlo/schránka*) a svou moudrost nazvali *moudrost kabaly* (*moudrost přijímání*).

Když Kli (bytost, osoba) vnímá Stvořitele a uvědomuje si jeho obrovskou moudrost, je to, jako když nám začne něco docházet a my náhle spatříme světlo – proto je potěšení nazýváno *světlem*. V takové situaci si uvědomíme, že moudrost, jež právě vyšla najevo, tu byla již od nepaměti, třebaže našima očima neviditelná; jako když noční temnotu vystřídá denní světlo a neviditelné se stane viditelným. Světlo s sebou nese vědomosti, z toho důvodu ho kabalisté nazývají *světlem moudrosti* a způsob jeho získávání moudrostí kabaly.

ČTYŘI ZÁKLADNÍ FÁZE

Aby bylo možné uvést myšlenku poskytování potěšení do praxe, vytvořil Stvořitel Stvoření, jež touží výhradně po potěšení ze ztotožnění se se Stvořitelem. Jste-li rodiče, dobře ten pocit znáte a není vřelejších slov,

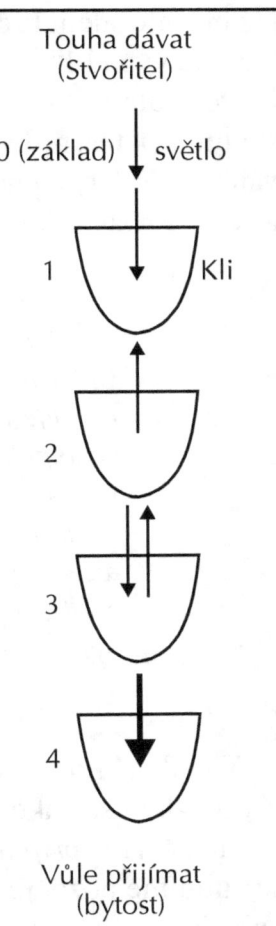

Obr. 1: Pět vývojových fází vůle přijímat. Šipky směřující dolů naznačují pronikání Stvořitelova světla, šipky ukazující vzhůru symbolizují touhu bytosti potěšit Stvořitele.

jež můžete sdělit hrdému otci, než: „Ten kluk jako by ti z oka vypadl!"

Podstatou Stvoření je myšlenka stvoření, tedy poskytnutí potěšení bytosti; myšlenka stvoření je nazývána *základní fází* nebo *první fází* a touze přijímat potěšení se říká *nultá fáze*.

Povšimněte si, že nultá fáze je doprovázena šipkami směřujícími dolů – kdykoliv šipka ukazuje tímto směrem, znamená to, že světlo postupuje od Stvořitele k bytosti. Opačně to však neplatí: směřuje-li šipka vzhůru, neznamená to, že bytost předává světlo Stvořiteli, ale že by mu ho ráda poslala zpět. A k čemu dojde, když dvě šipky směřují na opačné strany? Čtěte dál a brzy se to dozvíte.

Kabalisté hovoří o Stvořiteli i jako o *vůli poskytovat* a o bytosti jako o vůli přijímat radost a potěšení či prostě *vůli přijímat*. O našem vnímání Stvořitele se zmíníme později; v tuto chvíli je důležité vědět, že kabalisté vždy uvádějí, co vnímají *oni sami*. Neříkají nám, že Stvořitel má touhu dávat, ale dozvídáme se od nich, že na Stvořiteli vnímají jeho touhu dávat, a proto ho označují jako vůli poskytovat. Vzhledem k tomu, že v sobě objevili touhu přijímat potěšení, jež jim chce Stvořitel dát, nazvali sami sebe *vůlí přijímat*.

Vůle přijímat je tedy první Stvoření, základ každé bytosti. Když Stvoření, vůle přijímat, cítí, že od dárce přichází potěšení, vytuší, že pravé potěšení přináší poskytování, nikoliv přijímání, a výsledkem je, že vůle přijímat začne toužit po předávání – povšimněte si šipky směřující vzhůru z druhého Kli, druhého košíčku na obrázku; jedná se o zcela jinou fázi označovanou jako *druhá fáze*.

Nyní tuto novou fázi prozkoumáme: podíváme-li se na samotné Kli, zjistíme, že ve všech fázích zůstává nezměněno. Z toho vyplývá, že vůle přijímat je stejně aktivní jako na počátku. Vůle přijímat vzešla z myšlenky stvoření, je věčná a nikdy nemůže být změněna.

U druhé fáze si vůle přijímat přeje přijímat potěšení z *poskytování*, ne z přijímání, a to je základní změna – druhá fáze souvisí s pozitivním vztahem k někomu nebo k něčemu jinému místo k sobě samému.

Druhá fáze, jež nás nutí dávat navzdory naší základní touze přijímat, je to, co činí život možným: bez ní by se rodiče nemohli starat o své děti a v úvahu by nepřicházel ani společenský život. Například pokud bychom vlastnili restauraci, toužili bychom vydělat peníze, avšak podstatné by bylo, že sytíme cizí lidi, již nás z dlouhodobého hlediska vůbec nezajímají; totéž platí pro bankéře, taxikáře (dokonce i v New Yorku) a další profese.

Nyní je zřejmé, proč jsou přírodními zákony altruismus a dávání, a nikoliv přijímání, přestože je vůle přijímat základní motivací každé bytosti. Od okamžiku stvoření existují obě touhy, jak přijímat, tak dávat, a vše, co se děje, vychází ze vztahu mezi první a druhou fází.

Touha dávat ve druhé fázi nutí bytost komunikovat, hledat někoho, kdo potřebuje přijímat; ve druhé fázi se tedy začíná zkoumat, co může být poskytnuto

Stvořiteli. Koneckonců komu jinému by mohlo být dáváno? Ve druhé fázi při pokusu dát bytost zjišťuje, že Stvořitel chce pouze dávat a nemá vůbec žádnou touhu přijímat. Co by také mohla bytost Stvořiteli poskytnout?

Ve druhé fázi dále zjišťuje, že její základ se nachází v první fázi a jedná se o touhu přijímat; objevuje, že podstatou je vlastně touha přijímat radost a potěšení, ale není tu opravdová touha někoho obdarovat. Stvořitel chce pouze dávat a vůle bytosti přijímat je přesně to, co *může* Stvořiteli poskytnout.

Může se to zdát zavádějící, ale pokud se zamyslíme nad radostí matky pramenící z krmení dítěte, pochopíme, že dítě skutečně poskytuje potěšení matce pouhou touhou po jídle.

Z toho důvodu si ve třetí fázi vůle přijímat *vybírá* přijímání, a tím se vrací zpět do základní fáze – ke Stvořiteli. Tímto jsme dokončili cyklus, v němž jsou oba hráči dárci: nultá fáze Stvořitel dává bytosti (první fáze) a bytost mu to přijímáním skrze první, druhou a třetí fázi vrací zpět.

Šipka směřující ve třetí fázi dolů (viz obr. 1) naznačuje, že úkolem bytosti je stejně jako v první fázi přijímání, avšak šipka směřující vzhůru říká, že jejím *záměrem* je stejně jako ve druhé fázi dávat; obě akce využívají stejnou vůli přijímat jako v první a ve druhé fázi, na tom se nic nemění.

Jak již víme, veškeré problémy, s nimiž se v současném světě setkáváme, pramení z našich egoistických záměrů, a stejně je tomu i v tomto případě: podstata stvoření – záměr – je mnohem důležitější než vlastní čin. Jehuda Ašlag k tomu uvádí, že třetí fáze je z deseti procent příjemce a z devadesáti procent dárce. Zdá se, že jsme získali dokonalý cyklus, v němž se Stvořiteli podařilo vytvořit sobě podobnou bytost – dárce, a co víc, tato bytost má radost z dávání, čímž vrací potěšení Stvořiteli. Avšak je tímto naplněna myšlenka stvoření?

Ne zcela. Přijímání (v první fázi) a pochopení, že jediným přáním Stvořitele je dávat (ve druhé fázi), vede bytost k touze zažívat oba stavy, což je možné ve třetí fázi; avšak to, že se stane dárcem, neznamená, že se bude bytost nacházet ve stejném stavu, a že tudíž dovrší myšlenku stvoření. Nacházet se ve stavu Stvořitele pro bytost znamená, že se stane dárcem a bude mít stejnou ideu jako dárce – myšlenku stvoření. V tomto stavu bytost pochopí, proč byl iniciován cyklus Stvořitel–bytost a proč Stvořitel uvedl do chodu stvoření.

Touha pochopit myšlenku stvoření je zcela novou fází a můžeme si ji přiblížit na dítěti, jež touží být stejně silné a moudré jako jeho rodiče, ovšem instinktivně tušíme, že je to možné, až když se dítě samo stane rodičem. Proto rodiče svým dětem tak často říkají: „Počkej, až budeš mít své vlastní děti, pak to pochopíš."

Mezi nejběžnější kabalistické pojmy patří slovo sefiry *pocházející z hebrejského* Sapir *(safír). Každá sefira má své vlastní světlo a každá ze čtyř fází je pojmenována po jedné či více sefirách. Nultá fáze je nazývána* Keter, *první fáze* Chochma, *druhá fáze* Bina, *třetí fáze* Zeir anpin *a čtvrtá fáze* Malchut.

Ve skutečnosti existuje deset sefír, jelikož Zeir anpin se skládá z těchto šesti: Chesed, Gvura, Tiferet, Necach, Hod a Jesod; a toto jsou názvy všech deseti sefír: Keter, Chochma, Bina, Chesed, Gvura, Tiferet, Necach, Hod, Jesod *a* Malchut.

V kabale je nejhlubší úroveň pochopení – pochopení myšlenky stvoření – nazývána *dosažení* a přesně toho se vůle přijímat dožaduje v poslední, čtvrté fázi.

Za celým procesem evoluce stojí nejsilnější síla stvoření, touha získat myšlenku stvoření; ať již si toho jsme či nejsme vědomi, všichni se snažíme zjistit, proč Stvořitel dělá to, co dělá. Stejně tak se před mnoha tisíci lety pokoušeli kabalisté odhalit tajemství stvoření, a dokud mu neporozumíme, nedosáhneme duševní rovnováhy.

HLEDÁNÍ MYŠLENKY STVOŘENÍ

Přestože si Stvořitel přeje, abychom přijímali potěšení ze ztotožňování se s ním, na počátku nám tuto touhu nevnukl; jediné, co nám bytostem – sjednoceným duším *Adama ha-rišona* – poskytl, byla touha po maximálním potěšení. Jak je zřejmé z pořadí fází, Stvořitel nevybavil bytost touhou být jako on, to se vyvinulo postupně.

Ve třetí fázi již bytost vše obdržela a zamýšlela vrátit to Stvořiteli a právě v tuto chvíli mohla být celá sekvence ukončena, neboť bytost již dělala přesně to, co Stvořitel – dávala.

Bytost se však nespokojila s dáváním, chtěla zjistit, co činí dávání tak příjemným, proč je pro vytvoření reality nezbytné předávání síly a jakou moudrost dárci přinese dávání. Bytost chtěla pochopit myšlenku stvoření, ačkoliv tuto touhu do ní Stvořitel nevložil.

Během hledání myšlenky stvoření se bytost začíná odlišovat a oddělovat od Stvořitele. Můžeme si to představit sami na sobě: pokud se snažíme podobat někomu jinému, znamená to, že jsme si vědomi existence někoho, kdo má něco, co chceme my, či je někým, kým bychom chtěli být i my.

Nejenže si uvědomujeme existenci někoho jiného kromě sebe, ale také si uvědomujeme, že je jiný a lepší, proč bychom se mu jinak chtěli podobat?

A právě proto je Malchut, čtvrtá fáze, tak odlišná od prvních tří fází – chce přijímat velmi specifický

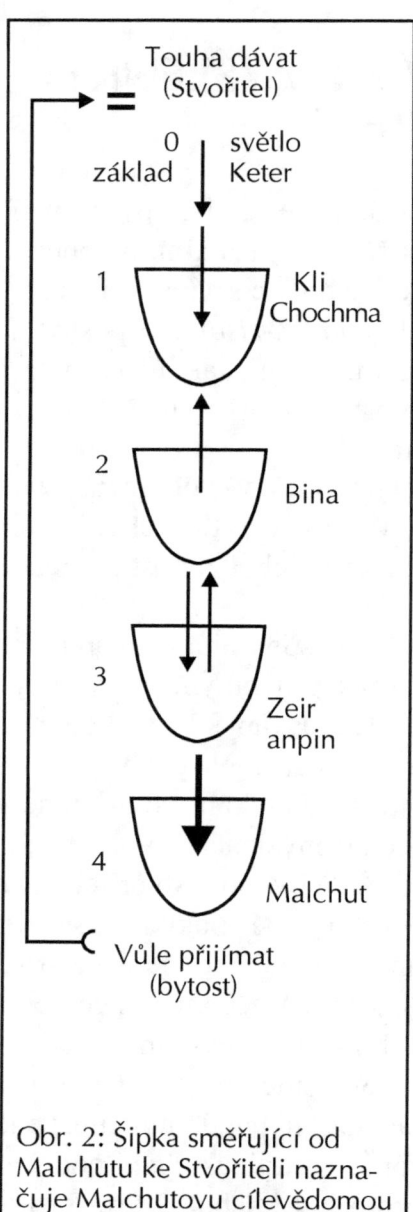

Obr. 2: Šipka směřující od Malchutu ke Stvořiteli naznačuje Malchutovu cílevědomou touhu podobat se Stvořiteli.

druh potěšení (proto ta zvýrazněná šipka), chce být rovna Stvořiteli. Z pohledu Stvořitele završuje Malchutova touha myšlenku stvoření, cyklus, jejž měl původně na mysli (viz obr. 2).

Bohužel se na věci nedíváme očima Stvořitele a při pohledu zdola to skrze popraskané brýle tak ideálně nevypadá. Aby se Kli (osoba) zcela odlišné od světla s tímto světlem ztotožnilo, musí mít současně s vůlí přijímat na zřeteli i záměr poskytovat, jen tak se přestane soustřeďovat na vlastní potěšení, zaměří se na Stvořitelův požitek z dávání a samo se stane dárcem.

Přijímání kvůli dávání Stvořiteli se odehrává ve třetí fázi a v této fázi také došlo k završení cyklu ztotožnění se se Stvořitelem. Stvořitel dává, aby poskytoval, a třetí fáze přijímá, aby poskytovala: v tom jsou tedy totožní.

Největší potěšení nepřináší pochopení toho, co Stvořitel dělá, a jeho napodobování, maximální potěšení vychází z poznání, *proč* dělá to, co dělá, a osvojení si jeho *myšlenek*. Myšlenka Stvořitele, jež je nejvyšším bodem stvoření, nebyla bytosti předána, neboť bytost (čtvrtá fáze) se k ní musí dopracovat sama.

Stvořitel dává a my přijímáme, mohlo by se tedy zdát, že stojíme proti sobě; ve skutečnosti je jeho největším potěšením vědomí, že jsme jako on, a nám přinese největší potěšení ztotožnění se s ním. Všechny děti se chtějí podobat svým rodičům a rodiče si přejí, aby jejich děti dokázaly i to, co se jim samým nepodařilo.

Jak vyšlo najevo, Stvořitel i my usilujeme o stejný cíl, a kdybychom dokázali této koncepci porozumět, naše životy by byly zcela jiné: namísto zmatku a dezorientace, jež mnozí z nás zažívají, bychom již od počátku stvoření byli schopni kráčet spolu se Stvořitelem vstříc vytýčeným cílům.

> *K popsání vůle poskytovat používají kabalisté mnoho termínů, například* Stvořitel, světlo, dárce, myšlenka stvoření, nultá fáze, základ, Keter, Bina *atd. Podobně používají i různé výrazy k přiblížení vůle přijímat, například* bytost, Kli, příjemce, první fáze, Chochma, Malchut *a mnoho dalších. Všechny tyto termíny poukazují na nuance u dvou charakteristik – poskytování a přijímání. Pokud si to zapamatujeme, nevyvedou nás tato pojmenování z míry.*

Aby se Kli podobalo Stvořiteli a stalo se dárcem, udělá dvě věci: za prvé přestane přijímat; jednání, při kterém dojde k naprostému zastavení světla a není umožněno jeho proniknutí do Kli, se říká *cimcum* (*omezení*) – je jednodušší přestat jíst něco, co je chutné, avšak nezdravé, než si vzít jen trošku a zbytek ponechat na talíři. Cimcum je tedy první a nejsnadnější krok ke ztotožnění se se Stvořitelem.

Za druhé musí Malchut nastavit mechanismus, jenž určí, zda bude světlo (potěšení) přijato, a pokud ano, v jakém množství. Tomuto mechanismu se říká *Masach* (*clona*) a podmínka, s jejíž pomocí Masach přesně stanovuje rozsah přijímání, je nazývána *snahou poskytovat* (viz obr. 3); Kli přijímá pouze tolik, kolik potřebuje pro záměr potěšit Stvořitele. Světlo, jež Kli

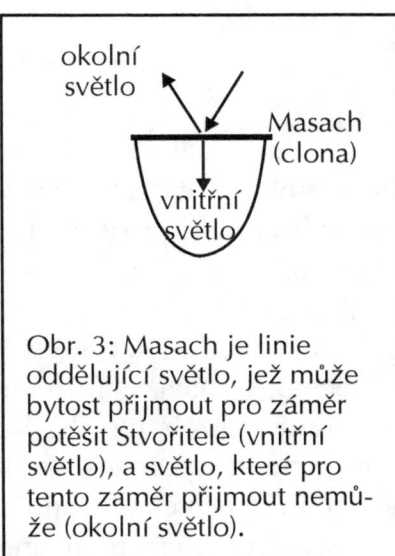

Obr. 3: Masach je linie oddělující světlo, jež může bytost přijmout pro záměr potěšit Stvořitele (vnitřní světlo), a světlo, které pro tento záměr přijmout nemůže (okolní světlo).

přijme, je nazýváno *vnitřní světlo*, a nepřijatému světlu se říká *okolní světlo*.

Na konci nápravného procesu Kli přijímá veškeré Stvořitelovo světlo a sjednotí se s ním – to je smyslem stvoření. Jakmile tohoto stavu dosáhneme, budeme sami sebe vnímat nejen jako jednotlivce, ale i jako jedinou sjednocenou společnost. Kompletní Kli totiž není vytvořeno z osobních tužeb, ale z tužeb celého lidstva. Jakmile tuto poslední nápravu dokončíme a ztotožníme se se Stvořitelem, bude jak z našeho, tak ze Stvořitelova pohledu stvoření dokonáno, neboť se naplní čtvrtá fáze.

CESTA

Aby se bytost mohla ztotožnit se Stvořitelem, musí si nejprve připravit vhodné prostředí pro svůj vývoj: toto prostředí je nazýváno *světy*.

Ve čtvrté fázi došlo k rozdělení bytosti na horní a spodní část; horní představuje světy a spodní bytost, jež je v těchto světech vším. Obrazně řečeno, světy jsou vytvořeny z tužeb, u nichž Masach povolil vstup světla do čtvrté fáze, a bytost se skládá z tužeb, do kterých Masach vstup světla neumožnil.

Již víme, že stvoření znamená jedinou věc – vůli přijímat radost a potěšení. Horní a spodní tedy neodkazuje na místa, ale na touhy, jež *my* sami považujeme za vyšší nebo nižší; vyšší touhy jsou ty, jichž si ceníme více než tužeb nižších. Ve čtvrté fázi náleží každá touha použitelná pro Stvořitele do horní části a každá touha, kterou takto nelze využít, do spodní části.

Existuje pět úrovní tužeb (nehybná, vegetativní, živoucí, promlouvající, duchovní) a každá úroveň je analyzována; uskutečnitelné touhy vytvářejí světy a doposud neproveditelné formují bytost.

Na počátku této kapitoly bylo uvedeno, že čtyřfázové schéma je základem všeho existujícího a světy se vyvíjejí dle stejného modelu. Levá část obrázku 4 je náhledem do čtvrté fáze a ukazuje její rozdělení na horní a spodní část, kde horní část obsahuje světy a ve spodní části se nachází bytost.

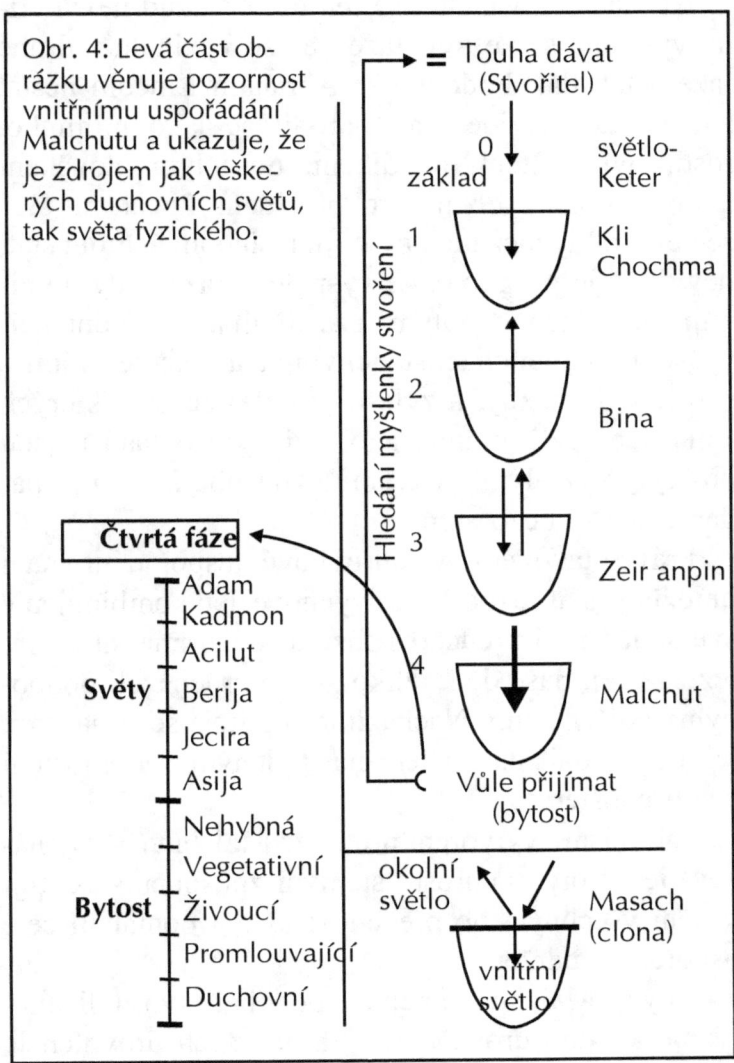

Obr. 4: Levá část obrázku věnuje pozornost vnitřnímu uspořádání Malchutu a ukazuje, že je zdrojem jak veškerých duchovních světů, tak světa fyzického.

Nyní se podíváme na čtvrtou fázi a její práci s Masach. Čtvrtá fáze jsme my, a pokud pochopíme, jak funguje, mohli bychom se o sobě mnohé dozvědět.

Čtvrtá fáze Malchut se jen tak odnikud nevynořila, vyvinula se ze třetí fáze, jež se vyvinula z druhé fáze a tak dál. Podobně se Abraham Lincoln nestal zničehonic prezidentem, narodil se jako miminko, rostl, byl dítětem, mladíkem, dospělým člověkem a teprve potom se z něj stal prezident. Počáteční fáze se nevytratily, bez nich by se jím Lincoln nemohl stát; nevidíme je jen proto, že vyspělejší fáze vždy dominují nad méně vyvinutými a zastiňují je. Poslední, nejvyšší úroveň jejich existenci vnímá a pracuje s nimi.

Proto se někdy, a zvláště v oblastech, ve kterých jsme nedozráli, cítíme jako děti; tyto oblasti nejsou překryty vyzrálými vrstvami a způsobují, že si připadáme dětsky bezbranní.

Právě takovéto víceúrovňové uspořádání nám umožňuje stát se rodiči: při výchově dětí kombinujeme své současné i předchozí fáze a rozumíme situacím, jež zažívají naše děti, jelikož jsme procházeli podobnými zkušenostmi. Nacházíme spojitost se situacemi, jež odpovídají našim léty nastřádaným vědomostem a zkušenostem.

Takto jsme vytvořeni proto, že Malchut (běžný název) je utvořen naprosto stejným způsobem: existují v něm všechny jeho předchozí fáze a pomáhají celé uspořádání udržet.

Aby se Malchut co nejvíce podobal Stvořiteli, analyzuje každou úroveň touhy a na všech úrovních je dělí na uskutečnitelné a neuskutečnitelné. Uskutečnitelné touhy nebudou použity pouze pro přijímání za účelem dávání Stvořiteli, ale také Stvořiteli *pomohou* dokončit jeho úkol – ztotožnit s ním Malchut. Aby bytost mohla uskutečnit úkol ztotožnit se se Stvořitelem, musí si pro svůj vývoj připravit správné prostředí – a přesně to dělají světy (uskutečnitelné touhy): ukazují neuskutečnitelným touhám, jak přijímat za účelem poskytovat a tímto způsobem jim pomáhají napravovat se.

Vztah mezi světy a bytostí si můžeme představit jako skupinu stavitelů, z nich jeden neví, co má dělat. Světy pomocí názorných příkladů učí bytost, jak zvládat jednotlivé úkoly, jak vrtat, jak používat kladivo, libelu a tak dál. V souvislosti s duchovností ukazují světy bytosti, co jim Stvořitel předal a jak s tím vhodně nakládat; bytost může začít pomalu pracovat se svými touhami stejným způsobem a právě tento postup je důvodem, proč se v našem světě touhy vynořují postupně a nabírají na své intenzitě.

Touhy se dělí následujícím způsobem: svět Adama Kadmona je zpracovatelná část nehybné úrovně, zatímco spodní část této nehybné úrovně, bytost, je nezpracovatelná část. Na nehybné úrovni není co napravovat, jelikož je imobilní a nepracuje se svými touhami a obě její části jsou pouze základem všeho, co bude následovat.

Doposud nevíme, který z pěti výše uvedených světů je ten náš. Ve skutečnosti nám nepatří žádný svět. Mějme na paměti, že v duchovnosti nejsou místa, ale pouze stavy, a čím vyšší je svět, tím altruističtější stav představuje. Náš svět není nikde zmiňován proto, že je stejně jako my egoistický, zatímco duchovní světy jsou altruistické; egoismus je protipólem altruismu a náš svět je od spirituálních světů oddělen, proto se o něm kabalisté nezmiňují. Světy neexistují, dokud je nevytvoříme tím, že se začneme ztotožňovat se Stvořitelem. Kabalisté, kteří vystoupali z našeho světa do duchovních světů, nám vyprávějí, co nalezli; chceme-li i my objevit duchovní světy, musíme si je vytvořit uvnitř sebe samých tím, že se staneme altruistickými bytostmi.

Svět Acilut je uskutečnitelnou a spodní částí vegetativní úrovně, bytost je neuskutečnitelnou částí. Svět Berija je uskutečnitelnou a spodní částí živoucí úrovně, bytost je neuskutečnitelnou částí. Svět Jecira je uskutečnitelnou a spodní částí promlouvající úrovně, bytost je neuskutečnitelnou částí. A poslední svět, svět Asija, je uskutečnitelnou a spodní částí duchovní úrovně (nejintenzivnější úroveň tužeb) a bytost je neuskutečnitelnou částí.

Nyní již víme, že pokud napravíme lidstvo, napraví se ve stejném čase i vše ostatní. Pojďme si tedy popovídat o nás a o tom, co se nám přihodilo.

ADAM HA-RIŠON
– SPOLEČNÁ DUŠE

Adam ha-Rišon, společná duše (bytost), je základem všeho, co se zde děje, je vnitřním uspořádáním tužeb, jež se vynořily, jakmile byly dovršeny duchovní světy. Jak je výše uvedeno, pět světů Adam Kadmon, Acilut, Berija, Jecira, Asija dokončilo horní část čtvrté fáze, avšak je třeba rozvinout i spodní část.

Duše je složena z neuskutečnitelných tužeb, jež při svém prvotním vzniku nemohly přijmout světlo a nyní se musejí jedna po druhé vynořit a za pomoci světů (uskutečnitelných tužeb) se napravit (stát se uskutečnitelnými).

Tak jako horní část čtvrté fáze je i spodní část rozdělena na nehybnou, vegetativní, živoucí a promlouvající úroveň touhy a Adam ha-Rišon se vyvíjí stejně poznenáhlu jako světy a čtyři základní fáze; avšak Adamovy touhy jsou egoistické a sobecké, což je důvod, proč zprvu nemohl přijmout světlo. Následkem toho jsme my, součásti Adamovy duše, ztratili pocit celistvosti a jednoty, který nám byl dán do vínku.

Musíme pochopit, jak duchovní systém funguje. Stvořitelova touha je dávat, proto nás stvořil a proto nás zachovává; touha přijímat je ze své podstaty sobecká a pohlcující, zatímco touha dávat směřuje ven k příjemci. Je zřejmé, že touha přijímat nemůže nic stvořit, proto musí mít Stvořitel touhu dávat, aby mohl být tím, kým je.

Chce dávat, a proto to, co stvoří, musí nutně chtít přijímat, v opačném případě by nemohl dávat – a tak nás vytvořil pouze s touhou přijímat a s ničím jiným. Je třeba chápat, že v nás není nic jiného kromě touhy přijímat a není nic dalšího, co by v nás *mělo* být, než touha přijímat. Pokud od něj přijímáme, cyklus je kompletní: on je šťastný a my jsme šťastní. Je to pravda?

Ne tak docela. Pokud je přijímání vše, co chceme, pak se nemůžeme napojit na dárce – není v nás totiž nic, co by směřovalo ven a sledovalo, odkud přichází přijetí. Ukazuje se, že musíme mít touhu přijímat, ale také musíme *znát dárce*, a proto potřebujeme touhu dávat. Z toho důvodu existují první a druhá fáze.

Abychom měli obě tyto touhy, nestačí vytvořit novou touhu, jež nám nebyla vštípena Stvořitelem, avšak musíme se zaměřit na potěšení poskytované Stvořiteli, a to bez ohledu na fakt, zda to přinese potěšení i nám samým. Tomuto přístupu se říká *záměr poskytovat* a je jak základem nápravy, tak tím, co nás nasměruje od egoismu k altruismu. Jakmile si záměr poskytovat osvojíme, můžeme se napojit na Stvořitele – a přesně to nás mají naučit duchovní světy.

Dokud nevnímáme propojení se Stvořitelem, jsme považováni za frakce duše Adam ha-Rišon, za nenapravené touhy; ve chvíli, kdy se vynoří záměr poskytovat, budeme napraveni a budeme propojeni jak se Stvořitelem, tak s celým lidstvem. Až budeme všichni napraveni, opět vstoupíme do své základní fáze, do samotné myšlenky stvoření nazývané *Ejn sof* (*nekonečnost*), jelikož naše naplnění bude nekonečné a věčné.

V KOSTCE

Myšlenka stvoření znamená dávat radost a potěšení vytvořením bytosti, jež je podobná svému tvůrci. Tato myšlenka (světlo) vytváří vůli přijímat radost a potěšení. Vůle přijímat chce dávat, jelikož dávání je podobnější Stvořiteli, a je tedy více žádoucí. Rozhodne se přijímat, protože tak může Stvořiteli poskytnout potěšení. Následně chce touha přijímat poznat myšlenku, jež ji stvořila – co by jí mohlo přinést větší potěšení než poznání všeho? Nakonec vůle přijímat (bytost) přijímá se záměrem poskytovat, neboť dávání ji připodobuje Stvořiteli, a tímto způsobem může zkoumat Stvořitelovy myšlenky.

Touhy, jež přijímá, aby poskytovala, vytvářejí světy považované za horní část stvoření; touhy nepoužitelné k záměru poskytovat utvářejí společnou duši Adam ha-Rišona a jsou považovány za spodní část stvoření.

Světy a duše jsou sestaveny podobně, avšak s rozdílnou intenzitou tužeb. Díky tomu mohou světy ukázat duši, jak pracovat za účelem poskytování, a tak napomoci Adam ha-Rišonu k nápravě.

Každá touha je napravena v přesně určeném světě, nehybná úroveň je napravena ve světě Adam Kadmon, vegetativní úroveň ve světě Acilut, živoucí ve světě Berija, promlouvající ve světě Jecira a touha po duchovnosti může být napravena pouze ve světě Asija – v nejspodnější části našeho fyzického světa. A tím se dostáváme k tématu následující kapitoly.

4
NÁŠ SVĚT

Na počátku všeho existovala myšlenka stvoření a tato myšlenka vytvořila čtyři fáze vůle přijímat. Z nich vznikly světy od *Adama Kadmona* po *Asija*, jež následně zformovaly duši Adam ha-Rišona, která se rozdrobila na nesčetné množství duší.

Je velmi důležité, abychom si tuto posloupnost stvoření pamatovali, neboť z ní je zřejmé, že se vše vyvíjelo odshora dolů, od duchovního k fyzickému, a ne naopak. Náš svět je tedy vytvořen a řízen duchovními světy.

V našem světě se neodehraje ani jedna jediná událost, jež by se nejprve neodehrála v duchovních světech, a rozdílnost těchto světů způsobuje, že události v duchovních světech vyjadřují své altruistické záměry a v našem světě egoistické záměry.

Na základě tohoto stupňovitého uspořádání světů se našemu světu říká *svět následků* duchovních pochodů a událostí; ať v něm uděláme cokoliv, nemá to vliv na žádný z duchovních světů, a chceme-li tedy něco ve svém světě změnit, musíme nejprve vystoupat do duchovních světů – jakého ústředí našeho světa – a odtud ovlivňovat náš svět.

PYRAMIDA

Tak jako v duchovních světech se i v našem světě vše vyvíjí ve stejných pěti stadiích od nultého po čtvrté. Stavba našeho světa připomíná pyramidu; vespod, na počátku evoluce světa, se nachází nehybná (neživá) úroveň složená z miliard substancí (viz obr. 5).

V tom ohromném množství substancí se ztrácí malinká kulička nazývaná *planeta Země* a právě na ní se objevila vegetativní úroveň. Zcela přirozeně je na Zemi objemově mnohem méně vegetace než nehybných substancí.

Živoucí úroveň nastává po vegetativní a ve srovnání s ní je její objem velmi malý.

Promlouvající úroveň přichází jako poslední a je i objemově nejmenší.

Nedávno se z promlouvající vynořila další úroveň nazývaná *duchovní* nebo *duchovnost* (hovoříme o geologických obdobích, a „nedávno" tedy znamená před pouhými několika tisíci lety). Nejsme schopni porozumět stvoření v celém jeho rozsahu, avšak podíváme-li se na pyramidu stvoření (viz obr. 5) a zamyslíme se nad proporcemi sousedících úrovní, začneme chápat, jak skutečně mimořádná a nedávná je touha po duchovnosti. Zkusme si dobu existence vesmíru – přibližně 15 miliard let – představit jako jediný den trvající 24 hodin: v tomto případě se touha po duchovnosti objevila před pouhými 0,0288 sekundami.

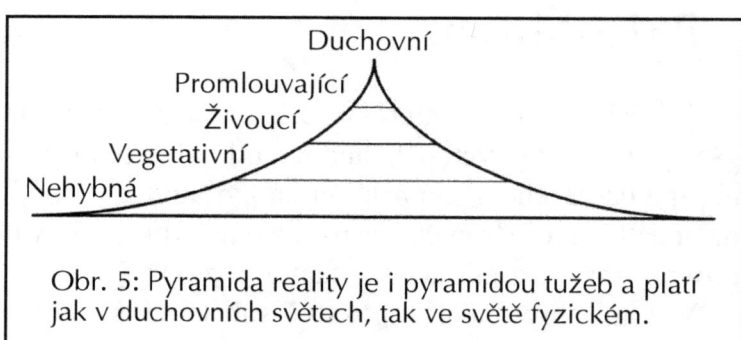

Obr. 5: Pyramida reality je i pyramidou tužeb a platí jak v duchovních světech, tak ve světě fyzickém.

Čím je touha vyšší, tím je vzácnější a „mladší" a existence duchovní úrovně nacházející se nad lidskou úrovní naznačuje, že jsme svou evoluci ještě nedovršili. Evoluce je stále stejně dynamická, avšak jelikož jsme poslední úrovní, jež vznikla, přirozeně si myslíme, že jsme i tou nejvyšší. Možná, že jsme nejvyšší, ale rozhodně ne závěrečnou úrovní; jsme pouze momentálně poslední úrovní.

Závěrečná úroveň, jež využije naše těla jako hostitele, bude založena na nových způsobech myšlení, vnímání a bytí; již se v nás vyvíjí a říká se jí *duchovní úroveň*.

Tato fáze nevyžaduje žádné fyzické změny ani žádný prostor, je třeba pouze vnitřní změna související s vnímáním světa; je těžce identifikovatelná, neboť je uvnitř nás, zapsána v našich *Rešimot* jako data na harddisku a tato data budou přečtena a zpracována, ať už si toho budeme či nebudeme vědomi. Můžeme je však číst a zpracovávat mnohem rychleji a příjemněji, budeme-li mít ten správný „software" – moudrost kabaly.

JAK NAHOŘE, TAK DOLE

Porovnáme-li pozemské fáze se čtyřmi základními fázemi světla, bude nehybné období odpovídat základní fázi, vegetativní období první fázi, živoucí období druhé fázi, promlouvající období třetí fázi a duchovní období čtvrté fázi.

Po počátečním žhavém období planety Země trvajícím několik miliard let nastalo ochlazování, objevila se vegetace a ta vládla Zemi po mnoho milionů let. Tak jako je u duchovní pyramidy vegetativní úroveň mnohem užší než nehybná úroveň, je fyzické vegetativní období kratší než zemské neživé údobí.

Po završení vegetativní fáze nastala živoucí fáze a stejně jako u předchozích dvou stupňů i tato živoucí fáze byla mnohem kratší než vegetativní a odpovídala proporcím mezi vegetativním a živoucím stupněm duchovní pyramidy.

Lidská fáze odpovídající promlouvající úrovni duchovní pyramidy existuje teprve zhruba čtyřicet tisíc let, a až lidstvo dovrší svou evoluci ve čtvrté (a poslední) fázi, bude dokončena celá evoluce a lidstvo se sloučí se Stvořitelem.

Čtvrtá fáze započala zhruba před pěti tisíci lety v době, kdy se poprvé objevilo místo v srdci a stejně jako v duchovním světě se první člověk, jenž měl s tímto místem životní zkušenost, jmenoval Adam. Byl to Adam ha-Rišon – první člověk. Jméno Adam pochází z hebrejských slov *Adameh la Elyon* (budu jako ten nahoře) a vyjadřuje Adamovu touhu podobat se Stvořiteli.

Započalo 21. století, evoluce dokončuje svůj vývoj ve čtvrté fázi související s touhou ztotožnit se se Stvořitelem, a právě proto stále více lidí hledá duchovní odpovědi na své dotazy.

VÝSTUP PO ŽEBŘÍKU

Hovoří-li kabalisté o duchovním vývoji, mají na mysli stoupání po duchovním žebříku – proto svůj výklad knihy *Zohar* kabalista Jehuda Ašlag pojmenoval *Peruš HaSulam* (*Výklad žebříku*), a získal tak jméno Baal HaSulam (majitel žebříku). Vrátíme-li se však o pár stránek zpět, zjistíme, že *stoupat po žebříku* vlastně znamená *vrátit se k základům*. To proto, že tam nahoře jsme již byli a nyní musíme najít cestu zpět.

Základ je naším konečným cílem a k němu směřujeme, ale aby naše cesta byla rychlá a pokojná, musíme ji podstupovat s velkou touhou – s Kli. Silná touha po duchovnosti může vycházet pouze ze světla, ze Stvořitele, a aby byla dostatečně pevná, musí být podpořena prostředím.

Trochu si to vysvětlíme: pokud chceme koláč, představíme si ho v mysli, připomeneme si jeho sladkou chuť a způsob, jakým se rozpouští v ústech. Čím více na něho myslíme, tím více ho chceme. Kabalistickými pojmy bychom mohli říct, že *koláč v našich očích září okolním světlem*.

Při touze po spiritualitě tedy potřebujeme získat určité okolní světlo, na jehož základě začneme chtít spirituální potěšení, a čím více světla pojmeme, tím rychleji budeme postupovat. Hledání spirituality se nazývá *pozvednutí ČLOVĚKA* a používá se při něm stejná technika jako při zvyšování touhy po zákusku – představíme si ji, hovoříme o ní, čteme si o ní, myslíme na ni a děláme mnoho dalších věcí, které nám pomohou se na ni zaměřit. Avšak nejmocnějším prostředkem ke zvýšení jakékoliv touhy je okolní prostředí, neboť je můžeme využít k zintenzivnění duchovní touhy a urychlit svůj vývoj.

Prostředí se budeme více věnovat v šesté kapitole; zde si jen řekneme, že pokud chce každý v našem okolí stejnou věc a hovoří-li o ní, začneme ji chtít i my.

Jak je uvedeno ve druhé kapitole, vznik Kli, touhy, nutí naše mozky hledat způsob, jak toto Kli naplnit světlem Or, a tak ji uspokojit. Čím větší je Kli, tím je větší světlo, a čím je světlo větší, tím rychleji nalezneme správnou cestu.

Je nějaký rozdíl mezi pojmenováním světla *okolní světlo*, **nebo pouze** *světlo*?

Okolní světlo a světlo se vztahují k různým funkcím stejného světla. Světlo, jež není považováno za okolní, je to, které vnímáme jako potěšení, a okolní světlo je světlo, které utváří naši Kli, místo, kam světlo nakonec vstoupí. Obojí je ve skutečnosti jediné světlo, pouze pokud ho vnímáme jako nápravné a utvářecí, říkáme mu okolní světlo; *a přináší-li nám čisté potěšení, nazýváme ho* světlem.

Je přirozené, že dokud se nerozvine Kli, nepřijímáme žádné světlo. Přesto světlo existuje a obklopuje naše duše stejně, jako nás obklopuje příroda, a pokud nemáme Kli, okolní světlo ho pro nás vytvoří tak, že podnítí naši touhu.

Nejprve musíme pochopit, jak okolní světlo utváří Kli a proč se mu říká *světlo*. Z toho důvodu je třeba porozumět celému pojetí Rešimot.

Duchovní světy i duše Adama ha-Rišona se vyvíjely v určitém sledu. U duchovních světů byl postup takovýto: Adam Kadmon, Acilut, Berija, Jecira a Asija; v případě Adam ha-Rišona byla evoluce pojmenována po formách tužeb: *nehybná, vegetativní, živoucí, promlouvající* a *duchovní*.

Na dětství nezapomínáme, naopak současné životní zkušenosti opíráme o události minulé a žádný dokončený krok v evolučním vývoji není zapomenut – je zanesen do nevědomé *duchovní paměti*. Uvnitř duše se nachází kompletní historie duchovního vývoje od chvíle, kdy jsme byli jednotní s myšlenkou stvoření, až po současnost; stoupat po duchovním žebříku tedy znamená pamatovat si stavy, které jsme již zažili, a odkrývat vzpomínek na ně.

Tyto vzpomínky jsou výstižně pojmenovány *Rešimot* (*záznamy*) a každý Rešimo (záznam) symbolizuje určitý duchovní stav. Duchovní vývoj postupoval v přesně daném sledu a Rešimot se nyní vynořují v naprosto stejném pořadí. Jinými slovy, naše budoucí stavy jsou již určeny, protože nevytváříme nic nového, jen se rozpomínáme na události, jež se nám již udály a kterých si nejsme vědomi. V následující kapitole se budu dlouze věnovat tomu, jak rychle můžeme po žebříku stoupat; jisté je, že čím usilovněji stoupáme, tím rychleji se střídají jednotlivé stavy a tím rychlejší je náš duchovní vývoj.

Každé Rešimo je kompletní, až když jím zcela projdeme, a jakmile skončí jedno Rešimo, vynoří se další.

Následující Rešimo původně vytvořilo současné Rešimo, ale jelikož nyní po žebříku couváme, je současné Rešimo uvědoměním si původního stvořitele. Neměli bychom očekávat konec našeho současného stavu a následný odpočinek, protože když tento stav skončí, je na řadě další a tak to pokračuje, dokud svou nápravu nezavršíme.

Když se snažíme být altruističtí (duchovní), rychleji si uvědomujeme Rešimot a přibližujeme se svému stavu napravení. A jelikož jsou Rešimot záznamy vyšších duchovních zážitků, vytvářejí v nás duchovní dojmy.

Jakmile je začneme vnímat, matně vytušíme spojitost, jednotu a lásku, jež v tomto stavu existují a které nám budou připadat jako vzdálené, tlumené světlo. Čím více se snažíme ke světlu dojít, tím se k němu dostaneme blíže a budme vnímat silnější záři. Čím je světlo ostřejší, tím více po něm toužíme – takto tedy světlo vytváří naše Kli, naši touhu po duchovnosti.

Nyní je zřejmé, že název *okolní světlo* dokonale popisuje naše vnímání světla. Dokud k němu nedospějeme, vnímáme ho jako externí a přitahuje nás oslnivým slibem dokonalého štěstí.

Pokaždé, když světlo vytvoří dostatečně silné Kli a my vstoupíme do následující úrovně, objeví se další Rešimo a v nás vzplane nová touha. Nevíme, proč se naše touhy mění, a třebaže nám to tak nemusí připadat, jsou vždy součástí Rešimot vyšší úrovně, než na jaké se právě nacházíme.

Tak jako se vynořily poslední Rešimot a dovedly nás do současného stavu, tak k nám z nového Rešimo přichází touha. Tímto způsobem stoupáme po žebříku, je to spirála Rešimot a výstupů, na jejímž konci je smysl stvoření – základ našich duší. Tehdy budeme propojeni se Stvořitelem.

TOUHA PO DUCHOVNOSTI

Každému, co jeho jest

Jediný rozdíl mezi lidmi je tvořen způsobem, jakým chtějí prožívat potěšení, jež je samo o sobě amorfní a nedefinovatelné. Pokud však potěšení zabalíme do různých obleček či plášťů, vytvoříme iluzi, že existují různé druhy potěšení, avšak ve skutečnosti se jedná jen o odlišné hávy.

Potěšení je ve své podstatě duchovní záležitostí, a to vysvětluje, proč nevědomě chceme nahradit povrchní háv potěšení za touhu, kterou bychom vnímali v její pravé a ryzí podobě – za Stvořitelovo světlo.

Vůbec si neuvědomujeme, že rozdíly mezi lidmi souvisejí s obaly potěšení, po kterých touží, a posuzujeme je právě podle pláštíků, jež upřednostňují. Určité hávy potěšení, například lásku k dětem, považujeme za legitimní, a jiné, například drogy, za nepřijatelné; pokud ucítíme, že se v nás začíná vynořovat neakceptovatelný háv potěšení, jsme nuceni utajit touhu s ním související. Naše touha však nezmizí a docela jistě nedojde k její nápravě.

Jak již víme, spodní část čtvrté fáze je podstatou duše Adam ha-Rišona, a jako jsou světy vytvořeny v závislosti na růstu tužeb, tak se i Adamova duše (lidstvo) vyvíjela skrze pět fází od nulté (nehybné) po čtvrtou (duchovní).

Lidstvo každou fázi prožívá naplno; když dojde k jejímu vyčerpání, objeví se další úroveň touhy a podle sledu Rešimot se v nás hluboce zakoření. Dosud jsme prošli Rešimot všech tužeb z nehybné a vegetativní úrovně a zbývající, určené k evoluci lidstva, nám mají pomoci co nejvíce prožít duchovní touhy. Poté dosáhneme jednoty se Stvořitelem.

Touhy páté úrovně se začaly objevovat v 16. století – zmiňuje se o nich již kabalista Isaac Luria (Ari), avšak v současnosti jsme svědky výskytu nejintenzivnější a naprosto nejduchovnější touhy páté úrovně. Nejedná se o ojedinělou záležitost, neboť duchovní odpovědi na své dotazy hledají miliony lidí po celém světě.

Rešimot, jež se vynořují v současnosti, jsou mnohem blíže duchovnosti než kdykoliv dříve a to hlavní, co lidé chtějí vědět, je jejich původ, tedy jejich kořeny. Mnozí mají kde bydlet a vydělávají dostatek peněz, aby zabezpečili své rodiny, přesto se ptají, odkud pocházejí, čí to byl plán a co je jeho smyslem. Pokud nejsou spokojeni s odpověďmi, jež jim nabízejí různá náboženství, obracejí se na jiné nauky.

Hlavní rozdíl mezi čtvrtou fází a ostatními fázemi vězí v nutnosti *vědomého* vývoje ve čtvrté fázi. V předchozích fázích se o náš vývoj starala příroda a vyvíjela na nás nátlak natolik silný, abychom se ve svém stavu přestali cítit dobře a museli podstoupit změnu; tímto způsobem příroda rozvíjí všechny své fáze: lidskou, živoucí, vegetativní, a dokonce i neživou.

Ze své podstaty jsme líní a z jednoho stavu do dalšího se posuneme, pouze pokud je tlak nadále nesnesitelný, jinak bychom nehnuli ani prstem. Vždyť přece proč bychom šli někam dál, když je nám dobře tam, kde jsme?

Příroda má ale jiný plán a místo aby nám dovolila spokojeně si hovět v našem současném stavu, chce, abychom se vyvíjeli, dokud se nedostaneme na její úroveň, tedy úroveň Stvořitele, a to je smysl stvoření.

Můžeme si vybrat ze dvou možností: vyvíjet se pod (bolestivým) tlakem přírody, či se zcela bez námahy zapojit do rozvoje své vnímavosti. Neexistuje možnost nevyvíjet se, neslučuje se s plánem přírody, tu nám do vínku nevložila.

Naše duchovní úroveň se může začít vyvíjet, pouze pokud si to přejeme a když chceme dosáhnout Stvořitelova stavu; je tedy třeba, abychom *dobrovolně* změnili svou touhu.

Proto na nás bude příroda i nadále tlačit a hurikány, zemětřesení, epidemie, terorismus a všemožná přírodní i uměle vytvořená neštěstí nás nepřestanou ohrožovat do té doby, dokud nepochopíme, že se *musíme* změnit a vědomě se vrátit ke svému základu.

Zopakujme si: náš duchovní základ se vyvíjel od nulté po čtvrtou fázi a čtvrtá fáze se rozdělila na světy (horní část) a duše (spodní část). Duše přestaly vnímat svůj soulad se Stvořitelem a došlo k jejich odtržení od společné duše Adam ha-Rišona, což dovedlo lidstvo do jeho současného stavu, ve kterém je náš svět (dole) oddělen od duchovních světů (nahoře) neviditelnou přepážkou.

Duchovní síla pod touto přepážkou vytvořila hmotné částice, jež se začaly vyvíjet – tomu se říká *velký třesk*.

Nezapomeňme, že pokud kabalisté hovoří o duchovním a o hmotném světě, mají na mysli altruistické, respektive egoistické vlastnosti; *nikdy* neodkazují na světy, jež zabírají fyzický prostor v neodhalených částech vesmíru.

Duchovnost neobjevíme pouhou změnou svého chování či snad tak, že nastoupíme do rakety a vydáme se ke světu Jecira; dojdeme k ní, pokud budeme altruističtí, tedy podobni Stvořiteli. Teprve tehdy zjistíme, že Stvořitel je již v nás, že v nás vždy byl a čekal na nás.

Kromě posledního se všechny stupně vyvíjely bez uvědomování si sebe samých; skutečnost, že žijeme, neznamená, že si jsme své existence *vědomi*. Dokud nedosáhneme čtvrté úrovně, pouze existujeme, jinými slovy, své životy žijeme tak spokojeně, jak jen to jde, avšak svou existenci bereme jako samozřejmost, aniž bychom se tázali na její smysl.

Je to opravdu tak jasné? Minerály existují proto, aby se jimi mohly živit rostliny a využily je ke svému růstu; rostliny existují, aby se jimi mohla živit zvířata a využila je ke svému růstu; minerály, rostliny a zvířata existují, aby se jimi mohli živit lidé a využili je ke svému růstu, avšak co je smyslem lidské existence? Všechny tyto úrovně slouží nám, ale komu sloužíme my? Sami sobě? Svému egu? Chvíle, kdy si poprvé položíme tyto otázky, je počátkem našeho vědomého vývoje; okamžikem vzniku touhy po duchovnosti, to je ono *místo v srdci*.

Během posledního vývojového stupně jsme začali chápat proces, jehož jsme součástí, a osvojili jsme si logiku přírody. Čím více ji budeme chápat, tím více si rozšíříme vědomí. Až se s logikou přírody zcela ztotožníme, pochopíme, jak příroda funguje, a dokonce se naučíme ji ovládat. Tento proces probíhá výhradně na poslední úrovni během duchovního vzestupu.

Je třeba mít neustále na mysli, že poslední úroveň lidského vývoje by se měla odehrávat vědomě a dobrovolně. Duchovní vývoj nemůže být započat bez zřejmé touhy po duchovním růstu, koneckonců takový vývoj odshora dolů již proběhl: čtyři fáze světla jsme dostali dolů do pěti světů (Adam Kadmon, Acilut, Berija, Jecira a Asija) a nakonec jsme se ocitli zde, v tomto světě.

Máme-li nyní šplhat po duchovním žebříku zpět vzhůru, musíme se tak *rozhodnout*. Pokud zapomeneme, že smyslem stvoření je ztotožnit se se Stvořitelem, nepochopíme, proč nám příroda nepomáhá, a proč nám dokonce někdy dává do cesty překážky.

Je třeba mít na paměti cíl přírody: jen tak bude život připomínat vzrušující cestu plnou objevů – honbu za duchovním pokladem. Čím aktivněji se do této cesty životem zapojíme, tím rychleji a snadněji obdržíme jednotlivá zjištění, a co víc, strádání budeme vnímat jako dotazy, jež je třeba zodpovědět, a ne jako utrpení, kterým musíme ve fyzickém životě čelit. Je tedy zřejmé, že vývoj pomocí vlastního uvědomování si je mnohem výhodnější než vývoj, při kterém nás příroda posouvá vpřed bolestivými herdami do zad.

Pokud máme touhu duchovně se vyvíjet, máme k ní i správné Kli a není lepšího pocitu než při naplněném Kli – uspokojené touze.

Touha po duchovnosti musí předcházet pocitu duchovnosti, a tak příprava Kli dříve než světla je nejen jediným prostředkem pro vystoupání do čtvrté fáze, ale je i jediným prostředkem, který nezahrnuje bolest a nouzi.

Není nic přirozenějšího než si nejprve připravit Kli: jestliže chceme pít vodu, pak je voda naším světlem, naším potěšením, a abychom se jí chtěli napít, musíme mít nejprve Kli, což je v tomto případě žízeň. Totéž platí pro vše, co bychom rádi získali. Je-li naším světlem nové auto, pak naše touha po něm je oním Kli a toto Kli nás nutí pracovat a zajišťuje, abychom peníze v náhlé rozmařilosti neutratili za něco jiného.

Mezi duchovním a fyzickým Kli je jediný rozdíl – u duchovního nikdy nevíme, co obdržíme. Můžeme si představovat všemožné věci, ale jelikož se mezi naším současným stavem a vytouženým cílem nachází přepážka, nikdy neznáme pravou podobu svého cíle a zjistíme ji, až ho skutečně dosáhneme. Jakmile k němu dojdeme, objevíme, že je mnohem větší než cokoliv, co jsme si kdy dovedli představit, ale nikdy to nebudeme vědět dřív, než k němu dospějeme. Pokud bychom znali odměnu předem, nebylo by naše jednání altruistické, ale skrytě egoistické.

V KOSTCE

Fyzický svět se vyvíjí ve stejném sledu jako duchovní svět – skrze pyramidu tužeb. Touhy (nehybné, vegetativní, živoucí, promlouvající a duchovní) v duchovním světě vytvářejí světy Adam Kadmon, Acilut, Berija, Jecira a Asija, ve fyzickém světě vytvářejí minerály, rostliny, zvířata, lidi a lidi s *místem v srdci*.

Fyzický svět vznikl poté, co byla duše Adam ha--Rišona vyčerpána, neboť v tom okamžiku se začaly postupně objevovat všechny touhy a po jednotlivých etapách utvářely náš svět.

Nyní, na počátku 21. století, jsou až na právě se vynořující touhu po duchovnosti všechny etapy dokončeny a tato touha po duchovnosti je ve skutečnosti touhou po jednotě se Stvořitelem, což je vyvrcholením evolučního procesu světa a lidstva.

Zvýšenou touhou po návratu k našemu duchovnímu základu vytváříme duchovní Kli; okolní světlo Kli napravuje a rozvíjí. Každá nová úroveň vývoje vyvolává nové Rešimo, záznam minulého stavu, který jsme již zažili. Okolní světlo nakonec napraví veškeré Kli a duše Adam ha-Rišona se spojí se všemi svými částmi a se Stvořitelem.

Nabízí se otázka: pokud jsou uvnitř nás zaznamenány Rešimot a pokud evokujeme a zažíváme jednotlivé stavy, kde se potom v tomto všem nachází objektivní realita? Pokud má někdo jiný odlišné Rešimot, znamená to, že žije v jiném světě než my? A co duchovní světy, kde existují, když vše existuje uvnitř nás? Kde má Stvořitel domov? Odpovědi na tyto dotazy se nacházejí v následující kapitole.

5
ČÍ REALITA JE REALITA?

> *Ve všech světech horní a dolní obsaženo jest.*
>
> Jehuda Ašlag

Ze všech neočekávaných konceptů, které nalezneme v kabale, není nic tak nepředvídatelného, a přesto tak důmyslného a fascinujícího jako koncept reality. Nejedná se o Einsteina ani o kvantovou fyziku, jež způsobily revoluci v pojetí reality; jde o myšlenku, ke které by se nemělo přistupovat s výsměchem.

Řekli jsme si, že k evoluci dochází proto, že vůle přijímat potěšení postupuje od základní po čtvrtou úroveň. Pokud evoluci světa pohánějí touhy, existuje ve skutečnosti svět mimo nás? Nemůže to být tak, že okolní svět je pouhou pohádkou, které *chceme* uvěřit?

Stvoření bylo odstartováno myšlenkou stvoření, která vytvořila čtyři základní fáze světla, jež zahrnují deset sefirot: Keter (nultá fáze), Chochma (první fáze), Bina (druhá fáze), Chesed, Gevura, Tiferet, Necach, Hod a Jesod (všechny spadají do třetí fáze – Zeir anpin) a Malchut (čtvrtá fáze).

Zohar, kniha, kterou studuje každý kabalista, říká, že celá realita se skládá pouze z deseti sefirot. Z nich je vytvořeno vše a jediným rozdílem je hloubka vnoření jednotlivých uspořádání do naší substance – vůle přijímat.

Abychom pochopili, co kabalisté myslí *ponořením do naší substance*, musíme si představit nějaký tvar, například kuličku, vtlačenou do kousku plastelíny či jiné modelovací hmoty; kulička představuje skupinu deseti sefirot a hmota zastupuje nás či naše duše. I když kuličku zatlačíme hlouběji do hmoty, nijak se nezmění, ale čím dále je zatlačována, tím více se mění hmota.

A jak to je, když se jedná o skupinu deseti sefirot a o duši? Povšimli jste si někdy něčeho, co bylo ve vašem okolí neustále, ale určitý znak této věci znenadání zaujal vaši pozornost? Tak je to i s vnímáním deseti sefirot, jež se o trošku hlouběji vnoří do vůle přijímat; jednoduše řečeno, pokud si náhle uvědomíme něco, co jsme dříve nevnímali, znamená to, že deset sefirot se do nás ponořilo o trochu hlouběji.

Vůli přijímat kabalisté nazývají slovem *Aviut*, jež ve skutečnosti znamená tloušťku, a ne touhu. Tento výraz používají proto, že čím je vůle přijímat větší, tím více vrstev je k ní přidáno.

Aviut, vůle přijímat, se skládá z pěti základních stupňů: 0, 1, 2, 3, 4. Deset sefirot utváří během vnořování se hlouběji do úrovní (vrstev) Aviutu různé kombinace vůle přijímat s vůlí dávat a tyto kombinace vytvářejí vše, co existuje – duchovní světy, hmotné světy a vše mezi nimi.

Odchylky v naší substanci (vůli přijímat) vytvářejí nástroje pro vnímání nazývané *Kelim* (množné číslo od Kli). Každý tvar, každá barva, vůně, myšlenka, vše, co existuje, tu je proto, že v sobě máme příslušné Kli, jež nám pomůže danou věc si uvědomit.

Tak jako mozek využívá abecední písmena k prozkoumání toho, co nám může tento svět nabídnout, tak Kelim používá deset sefirot k prostudování všeho, co mohou nabídnout duchovní světy. Tento svět zkoumáme pomocí určitých restrikcí a pravidel, a abychom mohli studovat duchovní světy, musíme znát pravidla, jež tyto světy formují.

Když analyzujeme něco v hmotném světě, musíme se řídit pevnými pravidly, například má-li být něco považováno za pravdivé, musí to být empiricky otestováno; pokud testy potvrdí, že to funguje, je to považováno za bezchybné – do doby, dokud někdo neprokáže (testy, ne slovy), že to nefunguje. Vše, co zatím nebylo testováno, je pouhou teorií.

I duchovní světy mají mezníky a ty jsou celkem tři. Chceme-li dojít ke smyslu stvoření a ztotožnit se se Stvořitelem, musí se těchto hranic držet.

TŘI MEZNÍKY
PŘI STUDIU KABALY

PRVNÍ MEZNÍK – TO, CO SI UVĚDOMUJEME

Ve své „Předmluvě ke knize Zohar" Jehuda Ašlag píše, že existují *čtyři kategorie vnímání: látka, forma v látce, abstraktní forma* a *esence*. Když zkoumáme duchovní přírodu, musíme se rozhodnout, která z těchto kategorií nám poskytne spolehlivé a hodnověrné informace, a která ne.

Kniha *Zohar* vysvětluje pouze první dva mezníky, každý jednotlivý svět je v ní tedy popsán buď z hlediska látky, nebo z hlediska formy v látce; v knize není žádná zmínka o abstraktní formě ani o esenci.

DRUHÝ MEZNÍK – KDE SI TO UVĚDOMUJEME

Substance duchovních světů se nazývá *duše Adam ha-Rišona*; stvoření těchto světů je sice již za námi a nyní postupujeme do vyšších úrovní, přesto nám to tak vždy nepřipadá.

Nacházíme se ve stavu, kdy se Adamova duše rozpadla na kousky. Kniha *Zohar* nás učí, že velká většina, přesně 99 % těchto kousků, se rozptýlila ve světech

Berija, Jecira a Asija (BJA) a zbývající jedno procento vstoupilo do světa Acilut.

Adamova duše vytváří náplň světů (BJA) a my všichni jsme kousky této duše; je tedy zřejmé, že vše, co si uvědomujeme, může být pouze součástí těchto světů; to, co k nám jakoby přichází z vyšších světů než z (BJA), například z Acilutu nebo z Adama Kadmona, je tedy mylné bez ohledu na to, zda nám to tak připadá, či ne. Ze světů Acilutu a Adam Kadmon si uvědomujeme pouze jejich obraz a ten vnímáme skrze filtry světů (BJA).

Náš svět je nejnižším stupněm světů (BJA) a tento stupeň je ve skutečnosti pravým opakem zbývajících duchovních světů – to je důvod, proč je nevnímáme. Je to jako by k sobě dva lidé stáli zády a vydali se opačnými směry; jaká by byla šance, že se někdy setkají?

Ale když se napravíme, zjistíme, že již žijeme uvnitř světů (BJA), a nakonec se s nimi dostaneme až do Acilutu a Adama Kadmona.

TŘETÍ MEZNÍK – KDO SI TO UVĚDOMUJE

Přestože se kniha *Zohar* detailně zabývá obsahem každého světa včetně toho, co se v něm děje, ve skutečnosti pouze odkazuje na zkušenosti duší – přibližuje vnímání kabalistů a říká, že totéž můžeme pociťovat i my; když si v knize *Zohar* čteme o událostech ve světech (BJA), dozvídáme se, jak duchovní stavy vnímal rabín Šimon Bar Jochaj (autor knihy *Zohar*).

Když se kabalisté zmiňují o světech nad (BJA), nemyslí výhradně tyto světy, ale popisují, jak si pisatel tyto světy uvědomoval ze svého úhlu pohledu, tedy ze svého pobytu v (BJA). V kabalistických textech nalezneme shody i rozdíly, neboť kabalisté píší o svých osobních zážitcích; některé zápisky souvisejí s celkovým uspořádáním světa, s názvy sefirot, světů a podobně, jiné se vztahují k osobním zážitkům, jimiž v těchto světech prošli.

Například pokud budeme přátelům vyprávět o své cestě do New Yorku, můžeme hovořit o Times Square či o obrovských mostech spojujících Manhattan s pevninou. Ale také můžeme říci, jak jsme se cítili uchváceni při jízdě přes obrovský Brooklyn Bridge a jaké to bylo stát uprostřed Times Square, ztraceni mezi oslnivými neony, a vnímat naprostou anonymitu. Rozdíl mezi první a druhou verzí tkví v tom, že ve druhém případě popisujeme osobní zkušenosti, zatímco v prvním zaznamenáváme dojmy, které by vnímali všichni návštěvníci Mnahattanu, třebaže každý trochu jinak.

U prvního mezníku jsme si řekli, že se *Zohar* na vše dívá buď z hlediska látky, nebo z hlediska formy v látce, a že látka je vůle přijímat a forma v látce je záměr, kvůli kterému vůle přijímat skutečně přijímá (pro sebe nebo pro ostatní). Jednoduše řečeno látka = vůle přijímat a forma = záměr.

Je naprosto nezbytné si zapamatovat, že by se ke knize Zohar *nemělo přistupovat jako ke komentáři mystických událostí či ke sbírce pohádek. Kniha* Zohar *a stejně tak i ostatní kabalistické texty by měla být používána jako studijní pomůcka; bude přínosem pouze v případě, pokud budeme chtít zažít to, co je v ní popisováno – v opačném případě nám kniha nepomůže a nepochopíme ji. Správné pochopení kabalistických textů závisí na záměru, na důvodu, proč je čteme, a ne na síle našeho intelektu. Texty nás ovlivní pouze v případě, pokud budeme chtít dosáhnout altruistických kvalit, které jsou v nich popisovány.*

Forma poskytování uvnitř i mimo nás se nazývá *svět Acilut*. Poskytování je ve své abstraktní formě symbolem Stvořitele a vůbec nesouvisí s bytostmi, jež jsou ze své podstaty příjemci. Bytosti (lidé) nicméně mohou svou vůli přijímat zahalit do formy poskytování, čímž ji připodobní poskytování. Jinými slovy: můžeme přijímat, a pokud tak budeme činit, staneme se dárci.

Existují dva důvody, proč nemůžeme pouze dávat:
1. Abychom mohli dávat, musí být někdo, kdo chce přijímat. Kromě nás (duší) je tu pouze Stvořitel, který nepotřebuje nic přijímat; jeho přirozeností je dávat, a dávání je pro nás tedy nemožné.
2. Nemáme touhu dávat a nemůžeme dávat, protože jsme stvořeni z vůle přijímat; přijímání je naší substancí, naší látkou.

Druhý důvod je komplexnější, než by se mohlo zdát. Když kabalisté píší, že jediné, co chceme, je přijímat, nemají na mysli, že jediné, co *děláme*, je přijímání, ale že se jedná o základní motivaci všeho, co děláme.

Pokud nám něco neposkytuje potěšení, nemůžeme to dělat; ne že bychom nechtěli, ale skutečně nemůžeme. Stvořitel (příroda) nám dal do vínku pouze vůli přijímat, protože jediné, co chce on, je dávat. Není třeba, abychom měnili své činy, pouze stačí změnit jejich motivaci.

VNÍMÁNÍ REALITY

K popisu pochopení se používá mnoho termínů; nejhlubší úroveň pochopení je kabalisty nazývána *dosažení* a od doby, co se zabývají studiem duchovních světů, je jejich cílem dospět k *duchovnímu dosažení*. Dosažení souvisí s natolik hlubokým a důkladným pochopením vnímaného, že již nebude třeba žádných dotazů a my dle kabalistů na konci své evoluce dosáhneme Stvořitele ve stavu zvaném *rovnocennost formy*.

Kabalisté pečlivě vymezují, které části reality bychom měli a neměli studovat, abychom dosáhli cíle, a řídí se přitom dvěma velmi prostými principy: pokud to pomůže učit se rychleji a důkladněji, měli bychom to studovat; pokud ne, měli bychom to ignorovat.

Kabalisté, a zejména kniha *Zohar*, upozorňují, abychom studovali pouze ty části, jež jsme schopni naprosto a beze zbytku vnímat. Proto se v knize *Zohar* píše o touhách (látka) a jejich používání, ať už pro nás samotné či pro Stvořitele.

Kabalista Jehuda Ašlag píše, že: „Pokud čtenář netuší, jak by měl moudře zacházet s mezníky, a vyjímá látky z kontextu, záhy bude zmatený." K tomu může dojít, pokud své studium neomezíme na látku a formu v látce.

Musíme chápat, že v duchovnosti neexistuje žádný *zákaz*, a pokud kabalisté prohlašují něco za *nedovolené*, znamená to, že to není možné. Říkají-li, že bychom neměli studovat abstraktní formu a esenci, neznamená to, že nás zasáhne blesk, pokud to uděláme; avšak je tím míněno, že tyto věci nemůžeme studovat, i kdybychom chtěli.

K vysvětlení nepostižitelnosti esence využívá Jehuda Ašlag elektřinu a říká, že elektřinu můžeme používat mnoha různými způsoby – na topení, chlazení, hudební produkci či sledování videa; elektřina může být zahalena mnoha formami, ale dokážeme vyjádřit vlastní elektřinu?

K objasnění všech čtyř kategorií (látka, forma v látce, abstraktní forma a esence) použijeme ještě jeden příklad: říkáme-li, že je některý člověk silný, máme většinou na mysli jeho vlastní látku (tělo) a formu, která jeho látku obléká, tedy sílu.

Vyjmeme-li formu síly z látky (těla) a prozkoumáme ji samostatně vně látky, budeme prověřovat abstraktní formu síly. Čtvrtá kategorie, vlastní esence člověka, je naprosto nepostižitelná. Nemáme žádný cit, žádný smysl, kterými bychom mohli „prostudovat" esenci a popsat ji ve vnímatelné podobě. Esence není nic, co bychom právě teď neznali; my ji nebudeme znát *nikdy*.

Proč je tak důležité soustředit se pouze na první dvě kategorie? Problém je v tom, že když pracujeme s duchovností, nepoznáme, ve kterém okamžiku jsme se spletli, i nadále pokračuje stejným směrem a stále více se odkláníme od pravdy.

Pokud v hmotném světě víme, co chceme, tušíme, zda to dostaneme, či ne; anebo si alespoň uvědomujeme, že jsme na správné cestě, abychom to získali. U duchovnosti je situace zcela jiná: pokud nemáme pravdu, bude nám odepřeno nejen to, po čem toužíme, ale dokonce ztratíme i svůj aktuální duchovní stupeň, ono světlo, a bez pomoci rádce se nebudeme schopni navrátit na správnou cestu. Proto je tak důležité pochopit všechny tři mezníky a řídit se jimi.

NEEXISTUJÍCÍ REALITA

Již víme, co můžeme a co nemůžeme studovat, a nyní se tedy zaměříme na to, co skutečně zkoumáme svými smysly. Jehuda Ašlag, který probádal celou realitu a může nás s ní seznámit, píše, že nevíme, co existuje vně nás. Například netušíme, co se nachází vně našeho ucha a nutí ušní bubínek, aby reagoval na zvuky, neboť známe pouze svou vlastní odezvu na vnější podnět.

Dokonce ani názvy, které tomuto jevu přiřazujeme, nesouvisejí s vlastním jevem, ale s naší reakcí na něj. Nejsme si vědomi mnoha věcí, ke kterým ve světě dochází – naše smysly je nezaznamenají, jelikož reagují pouze na jevy, jež jsme schopni vnímat. Je tedy zřejmé, proč nevnímáme esenci ničeho kromě sebe: jsme schopni sledovat pouze svou reakci na daný jev.

Pravidlo vnímání se nevztahuje jen na duchovní světy, nýbrž je zákonem veškeré přírody, a pokud ho aplikujeme na realitu, okamžitě si uvědomíme, že to, co vidíme, není ve skutečnosti tím, co existuje. A to je ta nejdůležitější vědomost pro dosažení duchovního růstu. Při pozorování reality odhalujeme věci, jichž jsme si doposud nebyli vědomi, a věci, které se v nás odehrávají, vnímáme jako něco, co se děje mimo nás. Neznáme skutečné zdroje událostí, jež prožíváme, jen cítíme, že se odehrávají vně nás. Ale ani s tím si nemůžeme být nikdy jisti.

Abychom dokázali správně reagovat na realitu, nemusíme si nutně myslet, že to, co vnímáme, je *skutečné*. Jediné, co vnímáme, je způsob, jakým události (formy) ovlivňují naše vnímání (látku). A co víc, to, co vnímáme, není vnější, objektivní obraz události, je to naše vlastní reakce na ni; dokonce ani nemůžeme říct, zda jsou formy, jež vnímáme, propojeny s abstraktními formami, ke kterým je přiřazujeme. Jinými slovy skutečnost, že vidíme rudé jablko jako rudé, neznamená, že je skutečně rudé.

Pokud se optáme fyziků, dozvíme se, že jediným pravdivým tvrzením, které můžeme v souvislosti s rudým jablkem učinit, je výrok: jablko není rudé. Vzpomeňme si, jak funguje Masach (clona) – přijímá to, co může přijmout v souvislosti s dáváním Stvořiteli, a zbytek odmítá.

Podobně je barva jablka určena světelnými vlnami, které nemůže osvětlené jablko pohltit; nevidíme vlastní barvu jablka, vidíme světlo, jež nebylo přijato. Skutečnou barvou jablka je pohlcené světlo, ale právě proto, že je pohlcené, nemůže být zachyceno našima očima, a tudíž ho nemůžeme vidět. Ať už je barva jablka jakákoliv, není červená.

Takto Ašlag ve své „Předmluvě ke knize Zohar" přibližuje naše nedostatečné vnímání esence: „Je známo, že co nevnímáme, si ani nepředstavujeme a nemůžeme si představit ani to, co netušíme… Z toho vyplývá, že myšlenka naprosto nevnímá esenci."

Jinými slovy, jelikož nedokážeme odhalit žádnou esenci, nemůžeme ji ani vnímat. Při prvním studiu Ašlagovy předmluvy zmate mnoho studentů kabaly zjištění, jak málo toho o sobě skutečně víme. K tomu Ašlag píše: „A co víc, my dokonce neznáme ani svou vlastní esenci. Cítím a vím, že na světě obývám určitý prostor, že jsem kompaktní, teplý a že přemýšlím a znám další projevy činnosti své esence, přesto pokud se mne zeptáte, jaká je má esence… nebudu vědět, co vám mám odpovědět."

MĚŘICÍ MECHANISMUS

Nyní se na problém s vnímáním podíváme z více mechanického úhlu pohledu. Smysly jsou měřicí mechanismy, měří vše, co vnímají; pokud slyšíme nějaký zvuk, určíme, zda je silný či jemný; když vidíme nějakou věc, můžeme obvykle říci, jakou má barvu, a dotýkáme-li se něčeho, okamžitě víme, zda je to teplé nebo studené, vlhké či suché.

Všechny měřicí nástroje fungují podobně. Představme si váhu a na ní kilogramové závaží; klasický vážicí mechanismus se skládá z pružiny, jež se natahuje v návaznosti na použitém závaží, a ze stupnice, která měří napnutí pružiny. Jakmile se pružina přestane natahovat a ustálí se v určitém bodě, čísla na stupnici udávat hmotnost. Ve skutečnosti tedy neměříme hmotnost, ale vztah mezi pružinou a hmotností (viz obr. 6).

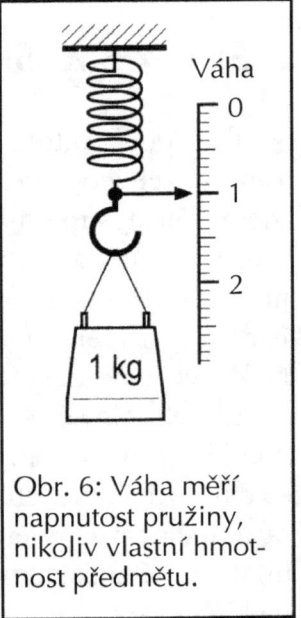

Obr. 6: Váha měří napnutost pružiny, nikoliv vlastní hmotnost předmětu.

Kabalista Ašlag říká, že nemůžeme vnímat abstraktní formu, protože s ní nemáme naprosto žádný kontakt. Pokud by bylo možné připojit k ní pružinu a změřit vnější vliv, nějakého výsledku bychom se dobrali, ale pokud nedokážeme změřit, co se děje vně, je to, jako by se nic nestalo. A navíc, pokud k měření vnějších podnětů použijeme vadnou pružinu, dostaneme špatný výsledek – je to stejné, jako když stárneme a naše smysly se zhoršují.

Vnější svět představuje abstraktní formu, například hmotnost; použijeme-li pružinu a stupnici (vůli přijímat a záměr poskytovat), změříme, kolik abstraktní formy můžeme přijmout. Pokud bychom dokázali vytvořit měřidlo, jež by změřilo Stvořitele, vnímali bychom ho tak, jak vnímáme tento svět. Takové měřidlo vlastně existuje – říká se mu *šestý smysl*.

ŠESTÝ SMYSL

Tuto podkapitolu zahájíme malou fantazií: nacházíme se zcela opuštěni v tmavém prostoru, nic nevidíme ani neslyšíme, nic tu nepáchne ani nevoní a není v něm nic, čeho bychom se mohli dotknout. Představme si, že tu budeme tak dlouho, až zapomeneme, že jsme kdysi měli smysly, kterými jsme vnímali okolí. Nakonec zapomeneme i na existenci pocitů.

Zničehonic se objeví slabá vůně, jež zesiluje a pohlcuje nás, ale my nedokážeme určit její zdroj. Objeví se další vůně, některé silné, jiné slabé; některé příjemné a jiné nepříjemné. Různé vůně přicházejí z různých míst a jejich následováním můžeme najít cestu.

Náhle bez jakéhokoliv varování se začnou odevšad ozývat zvuky, některé připomínají hudbu, jiné slova, něco je jenom hluk. Ale všechny zvuky poskytují další orientaci v prostoru.

Nyní můžeme určit vzdálenosti a směry a můžeme odhadnout zdroje vůní a zvuků; už to není jen okolní prostor, je to celý svět zvuků a vůní.

Po nějaké době, ve chvíli, kdy se nás něco dotkne, učiníme další objev a krátce nato zjistíme, že se můžeme dotknout více věcí; některé jsou studené a jiné teplé, některé jsou suché a jiné vlhké, některé jsou tvrdé a jiné měkké; u některých se nedokážeme rozhodnout, jaké jsou. Zjistíme, že něco lze vložit do úst a vnímat odlišné chutě.

V tu chvíli se nacházíme ve světě plném zvuků, vůní, pocitů a chutí; můžeme se dotýkat věcí a studovat okolní prostředí.

Tak vypadá svět lidí, již jsou od narození slepí. Kdybychom byli na jejich místě, měli bychom pocit, že potřebujeme zrak? Věděli bychom vůbec, že ho nemáme? Nevěděli, pokud bychom ho dříve neztratili. Totéž platí i pro šestý smysl. Nepamatujeme si, že bychom ho kdy měli, přestože jsme ho měli před rozpadem Adam ha-Rišona, jehož jsme součástí.

Šestý smysl funguje podobně jako zbývajících pět smyslů, jen s tím rozdílem, že ho nemáme od přírody a musíme ho rozvíjet. Název *šestý smysl* je poněkud zavádějící, jelikož ve skutečnosti nerozvíjíme další smysl – rozvíjíme *záměr*.

Během zdokonalování tohoto záměru zkoumáme Stvořitelovy formy poskytování, jež jsou pravým opakem naší přirozené egoistické povahy. Proto nám nebyl šestý smysl předán přírodou a je naším opakem.

Posilování záměru pomocí jednotlivých tužeb, které vnímáme, nám pomáhá uvědomovat si, kdo jsme, kdo je Stvořitel a zda chceme, či nechceme být jako on. Skutečně na výběr máme pouze v případě, kdy jsou před námi dvě možnosti, a proto nás Stvořitel nenutí, abychom byli jako on, tedy altruističtí, a místo toho nám ukazuje, kdo jsme, kdo je on, a poskytuje nám možnost udělat vlastní svobodné rozhodnutí. Jakmile se rozhodneme, staneme se lidmi, jimiž jsme zamýšleli být: podobnými či nepodobnými Stvořiteli.

Proč tedy nazýváme záměr poskytovat *šestým smyslem*? Protože pokud máme záměr shodný se Stvořitelem, jsme stejní jako on. Nejenže máme stejný záměr, ale vzhledem k tomu, že jsme zapracovali na rovnocennosti formy se Stvořitelem, vidíme a vnímáme věci, které bychom jinak vnímat nemohli. Vlastně začínáme vidět jeho očima.

VŠECHNO JDE, KDYŽ SE CHCE

V první kapitole jsme si řekli, že nesporně nejdůležitějším konceptem moudrosti kabaly je pojetí Kli (nástroj/plavidlo) a Or (světlo); Kli je pro nás důležitější, i když skutečným cílem je Or.

Vysvětlíme si to na příkladu: Ve filmu *Co my jen víme?!* doktorka Candace Pertová uvádí, že pokud v nás určitá forma neexistuje již předem, nebudeme schopni ji vnímat, až bude mimo nás. Přibližuje to na příběhu Indiánů, kteří stáli u pobřeží oceánu a sledovali příjezd Kolumbovy armády; má se za to, že Indiáni nemohli vidět lodě, třebaže se dívali přímo na ně.

Doktorka Pertová vysvětluje, že je nemohli vidět, jelikož ve svých myslích neměli uložený žádný dřívější model lodí. Lodě odhalil pouze šaman, jehož zvědavost zaujaly zvláštní vlny, jež jakoby přicházely odnikud, a on se pokoušel představit si, co je mohlo způsobit. Svůj objev sdělil ostatním členům kmene a popsal jim, co uviděl – teprve poté spatřili lodě i oni.

Kabalisticky vyjádřeno k objevení vnějšího objektu je třeba vnitřní Kli. Kelim (plurál pro Kli) nejenže objevují vnější realitu, oni ji vytvářejí! Kolumbova armáda existovala pouze v myslích a vnitřní Kelim Indiánů ji objevily a popsaly.

Padá-li strom v lese a nikdo není nablízku, vydává i přesto zvuk? Tuto slavnou zenovou hádanku je možné parafrázovat kabalistickými výrazy: pokud neexistuje Kli, jež by zachytilo zvuk stromu, jak můžeme vědět, že se nějaký zvuk ozval? Podobně bychom mohli převést Kolumbův objev na zenovou hádanku: „Než Kolumbus objevil Ameriku, existovala?"

Neexistuje nic takového jako vnější svět, existují však touhy – Kelim, jež vytvářejí vnější svět dle vlastních představ. Vně se nachází pouze abstraktní forma: nedefinovatelný a nepostřehnutelný Stvořitel; svět si utváříme skrze formování nástrojů vnímání – Kelim.

Nepomůže tedy, budeme-li prosit Stvořitele, aby nás vytáhl z mizérie či změnil svět okolo nás k lepšímu. Svět není ani dobrý a ani špatný – je odrazem stavu našich vlastních Kelim; pokud Kelim napravíme a učiníme je krásnými, bude krásný i svět.

Pro nočního ptáka je noc v temném lese dobou nejlepší viditelnosti – pro nás je to doba děsivé slepoty. Realita je projekcí vnitřních Kelim a to, čemu říkáme *skutečný svět*, je pouze odrazem naší vnitřní nápravy či poškození. Žijeme v imaginárním světě.

Chystáme-li se přejít z imaginárního do reálného světa, do skutečného vnímání, musíme se přizpůsobit platným modelům. Na konci dne bude vše, co vnímáme, odpovídat naší vnitřní povaze a způsobu, jakým v sobě tyto modely utváříme. Kromě abstraktního vyššího světla, jež na nás působí a dle naší ochoty

odkrývá nové obrazy, není vně nás co objevovat, co odhalovat.
Nyní už jen zbývá zjistit, kde můžeme nalézt napravená Kelim. Existují uvnitř nás, nebo je musíme vytvořit? A pokud je musíme vytvořit, jak máme postupovat? Právě to je námětem následující podkapitoly.

MYŠLENKA STVOŘENÍ

Kelim jsou stavebními kameny duše; stavebním materiálem, cihlami a dřevem jsou touhy a záměry představují nástroje – šroubováky, vrtáky a kladiva.

Pokud stavíme dům, nejprve prostudujeme projekt. Stvořitel, hlavní architekt, se nám ho ale zdráhá dát a místo toho chce, abychom samostatně nastudovali a uskutečnili mistrovský plán svých duší – pouze tak skutečně porozumíme jeho myšlence a budeme jako on.

Abychom pochopili, kým Stvořitel je, musíme pozorně sledovat, co dělá, a učit se pochopit ho skrze jeho konání. Kabalisté velmi výstižně říkají: „Tvé skutky tě prozradí."

Naše touhy, jakýsi surový materiál duší, již existují. Dostali jsme je od Stvořitele a musíme se naučit vhodně je používat a podpořit správnými záměry, teprve poté budou naše duše napraveny.

Správnými záměry jsou ty altruistické, je tedy třeba, abychom chtěli své touhy využít ve prospěch druhých, ne ve svůj vlastní; takové chování bude přínosné, neboť jsme všichni součástí duše Adam ha-Rišona,

a ať už se nám to líbí či ne, pokud budeme ubližovat druhým, vrátí se nám to jako bumerang.
Trochu si to shrňme. Napravené Kli je touha používaná s altruistickými záměry, a naopak poškozené Kli je touha používaná s egoistickými záměry. Používáme-li Kli altruisticky, přistupujeme k touze stejným způsobem jako Stvořitel, což nás s ním srovnává, alespoň tedy pokud jde o konkrétní touhu. Takto zkoumáme jeho myšlenku.

Jediným problémem je tedy změna záměru, se kterým přistupujeme k touze, ale abychom ho chtěli změnit, musíme si být vědomi alespoň jednoho jiného způsobu nakládání s touhami. Potřebujeme vědět, jaké jsou jiné záměry a jak je vnímáme; teprve tehdy se budeme moci rozhodnout, co chceme a co ne. Pokud neznáme žádný jiný způsob využití svých tužeb, jsme polapeni tím, co již máme. A jak můžeme v takovém stavu nalézt další záměry? Je to past, či nám něco chybí?

Dle kabalistů nám nic nechybí; jedná se sice o past, ale není to bezvýchodná situace, a pokud se budeme řídit svými Rešimot, znenadání se vynoří další možný záměr. Nyní se podíváme, co to jsou Rešimot a jak nám pomohou dostat se z léčky.

REŠIMOT
– NÁVRAT DO BUDOUCNOSTI

Obrazně řečeno, Rešimot jsou záznamy našich minulých stavů, respektive vzpomínky na ně. Každé Rešimo (singulár), jež duše zažívá během své duchovní cesty, je uchováno v jakési zvláštní databance.

Pokud chceme stoupat po duchovním žebříku, budou nám jednotlivé Rešimo utvářet cestu: vynoří se jedno po druhém a my je znovu prožijeme. Čím rychleji každé Rešimo opět prožijeme, tím rychleji ho vyčerpáme a posuneme se o krok dál, což vždy znamená vyšší příčku na žebříku.

Pořadí Rešimot nemůžeme změnit, je určeno naší cestou dolů, ale můžeme a měli bychom se rozhodnout, co budeme s každým jednotlivým Rešimo dělat. Pokud jsme pasivní a jenom čekáme, až přejdou, bude trvat hodně dlouho, než je zcela prožijeme, a během té doby nám mohou způsobit velkou bolest. Z toho důvodu se pasivnímu přístupu říká *cesta bolesti*.

Na druhé straně k nim můžeme přistupovat aktivně, pokusit se brát každé Rešimo jako *další školní den* a snažit se pochopit, co nás chce Stvořitel naučit. Pokud si budeme pamatovat, že tento svět je výsledkem duchovních událostí, pomůže nám to výrazně urychlit průchod skrze Rešimot. Takovému aktivnímu přístupu se říká *cesta světla*, neboť nás napojuje na Stvořitele.

Přesto nemusí být úsilí úspěšné – úsilí samo o sobě nestačí. Pokud pozvedneme touhy na Stvořitelovu (altruistickou) úroveň, přikloníme se k vyšším, duchovnějším stavům.

Postup duchovního růstu se podobá způsobu, jakým se učí děti: je to v podstatě metoda napodobování, kdy se u dětí napodobováním dospělých nevědomky vytváří *touha* učit se.

Není to tak, že by děti věděly, že takto podporují svůj růst, ony prostě jen *chtějí vědět* a touha po vědění je dostatečně silná, aby v nich vyvolala následující Rešimo, tedy Rešimo, které již znají.

Přiblížíme si to z jiného pohledu: zpočátku nechtěly vědět proto, že by to bylo jejich vlastní rozhodnutí, ale proto, že se jejich aktuální Rešimo vyčerpalo a donutilo následující Rešimo, aby *chtělo* být poznáno. Aby ho mohlo dítě odhalit, muselo Rešimo v dítěti vyvolat touhu poznat ho.

Přesně takto fungují duchovní Rešimot – ani v našem a ani v duchovním světě se neučíme nic nového, prostě jen stoupáme a vracíme se do budoucnosti.

Chceme-li více dávat tak, jako dává Stvořitel, měli bychom neustále zkoumat sami sebe a zjišťovat, zda odpovídáme popisu, který považujeme za duchovní, tedy altruismu. Jen tak budou naše touhy altruističtější a pomohou nám lépe se vyvíjet a porovnávat se se Stvořitelem.

Pokud nechceme být egoističtí, naše touhy vyvolají Rešimot, jež nám ukážou, co to znamená být altruističtější. Pokaždé, když se rozhodneme, že s některou touhou nebudeme zacházet egoisticky, musí příslušné Rešimo dokončit svůj úkol a uvolnit místo následujícímu Rešimo – to je jediná náprava, kterou máme provádět. Kabalista Jehuda Ašlag tuto zásadu popisuje slovy: „…opravdovým nenáviděním ďábla (egoismu) je skutečnost napravena."

A dále vysvětluje: „…pokud dva lidé zjistí, že nenávidí a milují stejné věci, dostanou se do stavu věčného sbližování, jež nikdy neztratí na síle. Vzhledem k tomu, že Stvořitel miluje poskytování, měly by i nižší bytosti chtít pouze poskytovat; Stvořitel nenávidí roli příjemce, jelikož je celistvý a nic nepotřebuje – lidé tedy musejí také nenávidět přijímání. Shora se tedy dozvídáme, že je třeba nekompromisně nenávidět

přijímání, jelikož veškerá zkáza světa pochází pouze z vůle přijímat. Skrze nenávist přichází náprava."
Pouhé chtění vyvolá Rešimot altruističtějších tužeb, jež v nás existují již od doby, kdy jsme byli sjednoceni v duši Adam ha-Rišona. Tyto Rešimot nás napravují a přibližují ke Stvořiteli a touha (Kli) je jak motorem změny, tak i nástrojem k nápravě. Není třeba, abychom potlačovali své touhy, postačí naučit se s nimi pracovat tak, aby byly přínosem pro nás i pro ostatní.

V KOSTCE

V zájmu správného vnímání si musíme určit tři mezníky:
1. Existují čtyři kategorie vnímání: látka, forma v látce, abstraktní forma a esence. My vnímáme pouze první dvě kategorie.
2. K veškerému vnímání dochází v duši; duše je naším světem a svět mimo nás je natolik abstraktní, že si dokonce ani nemůžeme být jisti, zda skutečně existuje.
3. To, co vnímám, je výlučně moje, nemohu to předat nikomu jinému. Ostatním mohu sdělit své zkušenosti, avšak pokud je prodělají i oni, zcela jistě je budou vnímat jinak.

Pokud něco vnímáme, měříme to a určujeme dle vlastností měřicích nástrojů; jsou-li měřicí nástroje vadné, měření neodpovídá skutečnosti a naše představa o světě je zkreslená a neúplná.

V současné době svět měříme pěti smysly, ale aby bylo měření správné, potřebujeme šestý smysl, a proto nejsme schopni zařídit, aby byl svět pro všechny přínosný a radostný.

Šestý smysl ve skutečnosti není fyzickým smyslem, je to záměr a souvisí se způsobem, jakým používáme své touhy. Pokud je používáme se záměrem dávat místo přijímat, tedy pokud je používáme altruisticky místo egoisticky, budeme vnímat zcela nový svět. Proto se novému záměru říká *šestý smysl*.

Altruistický záměr přibližuje naše touhy touhám Stvořitelovým a jejich vzájemná podobnost je nazývána *rovnocennost formy* – pokud jsme jí dosáhli, máme stejné vnímání a znalosti jako Stvořitel. Pouze se šestým smyslem (záměrem poskytovat) si můžeme uvědomit, jak se máme v tomto světě chovat.

Nová touha není ve skutečnosti nová. Jedná se o touhu, která se již v nás nacházela a jež byla zaznamenána v databance naší duše, v Rešimot. Sled Rešimot vede přímo na vrchol žebříku, k myšlence stvoření, a čím rychleji stoupáme, tím dříve a příjemněji dosáhneme svého osudu.

Jednotlivé Rešimo se vynořují postupně a rychlostí, již určíme svou touhou po dosažení duchovnosti. Pokud se snažíme vzít z každého Rešimo ponaučení a pochopit ho, je rychleji vyčerpáno a nastane stav chápání. Pokud Rešimo pochopíme, vynoří se následující Rešimo, a tak to pokračuje, dokud neprojdeme všemi Rešimot a nedospějeme ke konci nápravy.

6
(ÚZKÁ) CESTA KE SVOBODĚ

V tuto chvíli již toho o kabale víme hodně. Pojďme si to zrekapitulovat: dozvěděli jsme se, že se poprvé objevila zhruba před 5 tisíci lety v Mezopotámii, v dnešním Iráku. Právě tehdy lidé pátrali po smyslu života a zjistili, že důvodem zrození je přijímat maximální potěšení z přibližování se Stvořiteli; a tento nový objev začali šířit po světě.

První kabalisté nám sdělili, že se skládáme z vůle přijímat potěšení, a tu rozdělili na pět úrovní: nehybnou, vegetativní, živoucí, promlouvající a duchovní. Vůle přijímat je velmi důležitá, protože je motorem všeho, co v tomto světě děláme; stále se snažíme přijímat potěšení, a čím více ho máme, tím více ho chceme – v důsledku toho se stále vyvíjíme a měníme.

Dále jsme se dozvěděli, že stvoření proběhlo ve čtyřech fázích, kde základ (synonymum pro světlo a Stvořitele) vytvořil vůli přijímat; vůle přijímat chtěla dávat, a tak se rozhodla přijímat za účelem dávání a nakonec chtěla opět přijímat – přijímat znalosti o tom, jak se ztotožnit se Stvořitelem, s *dárcem*.

Po čtyřech fázích byla vůle přijímat rozdělena do pěti světů a jedné duše zvané *Adam ha-Rišon* – tato duše se rozpadla a zhmotnila v našem světě. Všichni jsme součástí jedné duše, jsme propojeni a závislí jeden na druhém jako buňky jediného těla. Jak vůle přijímat rostla, nabýval na síle egoismus a my jsme přestali vnímat, že jsme bývali jednotní; nyní vnímáme jen sami sebe, a dokonce i když spolu navazujeme kontakt, děláme to jen proto, abychom přijímali potěšení.

Tomuto egoistickému stavu se říká *zlomená duše Adam ha-Rišona* a naším úkolem je napravit ho. Ve skutečnosti ho nemusíme napravit, ale musíme si být plně vědomi, že v tomto svém stavu nemůžeme vnímat skutečné potěšení; na vině je pravidlo vůle přijímat: „Když máme, co chceme, už to nechceme." Jakmile si ho uvědomíme, začneme hledat cestu z této léčky, z egoistické pasti.

Hledání způsobu, jak se osvobodit od ega, nás vede k objevení *místa v srdci* – touhy po duchovnosti. Místo v srdci je jako jakákoliv jiná touha a vliv prostředí ho buď zesiluje, nebo oslabuje. Pokud chceme svoji touhu po duchovnosti zesílit, musíme vytvořit prostředí, jež podporuje duchovnost. V této poslední a nejdůležitější kapitole se dozvíme, co je třeba udělat, abychom nabyli duchovnost podporující prostředí na osobní, sociální i mezinárodní úrovni.

TEMNO PŘED ÚSVITEM

Nejtemnější noc je právě před rozbřeskem; podobně autor *Knihy Zohar* téměř před 2 tisíci lety řekl, že nejtemnější období lidstva nastane právě před duchovním procitnutím. Počínaje kabalistou Arim, autorem *Stromu života*, jenž žil v 16. století, kabalisté po celá staletí uváděli, že dobou, o které se *Zohar* zmiňuje, je konec 20. století, období *poslední generace*.

Neměli na mysli, že zahyneme při nějaké apokalyptické události; *generace* představuje duchovní stav a poslední generace je poslední a *nejvyšší* stav, kterého lze dosáhnout. Kabalisté uvedli, že doba, ve které žijeme, tedy počátek 21. století, je generací s nárůstem duchovnosti.

Kabalisté také řekli, že aby k tomuto nárůstu došlo, nemůžeme pokračovat v současném způsobu vývoje; pokud se chceme rozvíjet, je třeba učinit dobrovolnou a vědomou volbu.

Tak jako každý počátek či zrození není ani nástup poslední generace – generace svobodné volby – jednoduchou záležitostí. Donedávna jsme se vyvíjeli v oblasti nižších tužeb na promlouvající úrovni a opomíjeli jsme úroveň duchovní; v současnosti se ke slovu dostávají duchovní Rešimot (jinak řečeno duchovní geny) – pociťují je miliony lidí a žádají jejich realizaci v každodenním životě.

Ve chvíli, kdy si tyto Rešimot poprvé uvědomíme, ještě neznáme vhodné metody pro zacházení s nimi – jako by to byla zcela nová technologie a my se s ní museli naučit pracovat. Již v průběhu učení se snažíme nové druhy Rešimot pochopit zaběhnutými způsoby myšlení, jež nám pomohly zvládnout nižší úrovně Rešimot. Na této úrovni však nefungují a důsledkem jsou naše pocity prázdnosti a frustrace.

Po vyplutí Rešimot na povrch se objeví frustrace a deprese a nepoleví, dokud se nenaučíme s těmito novými touhami pracovat; na pomoc přichází moudrost kabaly, jež je schopná si s duchovními Rešimot poradit.

Bytost, která se neumí s novými touhami vypořádat, si svou snahou před nimi uniknout způsobuje věčnou bolest a může sklouznout k alkoholismu či k závislosti jakéhokoliv druhu.

Na osobní úrovni se jedná o velmi nepříjemný stav, avšak nepředstavuje natolik velký problém, aby destabilizoval společenský systém. Ovšem pokud se Rešimot objeví u mnoha milionů lidí v přibližně stejné době, a zejména pokud k tomu dojde současně v mnoha zemích světa, pak tu máme globální krizi. A globální krize vyžadují globální řešení.

Je zřejmé, že lidstvo se v současnosti v globální krizi nachází: deprese je na vzestupu nejen ve Spojených státech, ale i v ostatních rozvinutých zemích; v roce 2001 uváděla Světová zdravotnická organizace (WHO), že „v USA i na celém světě je deprese hlavní příčinou pracovní neschopnosti".

Dalším významným problémem soudobé společnosti je alarmující přemíra zneužívání drog. Drogy se používaly i v minulosti, ale na rozdíl od současnosti, kdy je zneužívají velmi mladí lidé, aby zahnali emocionální prázdnotu, již pociťují, sloužily především k lékařským a rituálním účelům. Deprese je na vzestupu a vyšší spotřeba drog jde ruku v ruce s kriminalitou.

Krize se odrážejí i v rodinách: instituce rodiny znamenala stabilitu, teplo domova a útočiště, ale ani to již neplatí. Dle Národního statistického centra pro zdravotnictví se rozvádí každé druhé manželství a obdobné je to v celém západním světě.

Dříve se situace, kdy dvojice procházely náročnými krizemi či osobními konflikty, neřešily rozvody, avšak dokonce ani dvojice z 50. a 60. let minulého století nyní nenacházejí důvody, proč spolu zůstat i po odchodu dospělých dětí z domu. Jejich příjmy je dostatečně zajišťují, a oni tudíž nemají obavy začít nový život ve věku, ve kterém by to před pouhými pár lety bylo považováno za nepřijatelné; dokonce jsme si pro tento jev vymysleli chytrý název: *syndrom prázdného hnízda*. Lidé se nerozvádějí proto, že je opustily děti; hlavním faktorem je, že už je nic nedrží spolu, jelikož mezi nimi není žádná láska.

To je skutečná prázdnota – absence lásky. Pokud si vzpomeneme, že jsme byli silou, jež chce dávat, stvořeni jako egoisté, můžeme mít určitou šanci. Alespoň budeme vědět, kde máme začít hledat řešení.

Krize jsou mimořádné svou univerzálností, což velmi ztěžuje přístup k nim; odehrávají se totiž snad na všech úrovních lidského konání: na osobní, sociální, mezinárodní, vědecké, lékařské i klimatické. Například před pouhými pár lety bylo *počasí* ideálním tématem k hovoru, pokud jste neměli čím jiným přispět do diskuze; dnes je třeba, abychom se v problematice klimatu vyznali všichni. Žhavými tématy současnosti jsou klimatické změny, globální oteplování, zvyšující se hladiny moří a počátky nových období hurikánů.

„Velká obleva" – takto ironicky popsal stav planety Geoffrey Lean z deníku *The Independent* ve svém on-line článku ze dne 20. listopadu 2005, jehož název zněl: „Velká obleva: celosvětová katastrofa, pokud se rozpustí grónský ledovec," a podtitulek uváděl: „Vědci tvrdí, že mizí rychleji, než očekávali."

Počasí nepředstavuje jedinou katastrofu, jež číhá za rohem. Časopis *Příroda* vydávaný kalifornskou univerzitou se ve svém čísle ze dne 22. června 2006 věnuje rozboru tvrzení, že zlom San Andreas může kdykoliv předvést svou sílu. Yuri Fialko z oceánografického institutu Scripps při kalifornské univerzitě uvádí: „Zlom je závažným nebezpečím a je připraven na další velké zemětřesení."

Pokud přežijeme bouře, zemětřesení a zvedající se hladinu moří, stále budou v našem okolí bin Ládinové, kteří nám připomenou, že naše životy mohou být mnohem kratší, než jsme předpokládali.

V neposlední řadě musíme uvést zdravotní záležitosti, jimž je třeba věnovat pozornost: AIDS, ptačí chřipka, nemoc šílených krav a samozřejmě stálice, jako jsou rakovina, kardiovaskulární choroby a cukrovka. Některé z vyjmenovaných problémů nejsou novinkami, ale uvádím je, jelikož se náhle rozšířily po celé zeměkouli.

V jednom starém čínském přísloví je uvedeno, že pokud chceme někoho proklít, máme mu říct: „Přeji ti, abys žil v době změn." Naše doba je opravdu taková, ale není to prokletí, je to, jak slibuje kniha *Zohar*, největší tma je před úsvitem. Pojďme se tedy podívat, zda existuje nějaké řešení.

NOVÝ ŘÁD VE ČTYŘECH KROCÍCH

Ke změně světa jsou třeba pouze čtyři kroky:
1. Uznání krize
2. Zjištění, proč existuje
3. Stanovení nejlepšího řešení
4. Naplánování vyřešení krize

Postupně si je projdeme.

1. Uznáni krize
Je několik důvodů, proč si mnozí z nás stále neuvědomují existenci krizí. Vlády a národní korporace by měly být mezi prvními, kdo se začne těmito záležitostmi zabývat, avšak zabraňují jim v tom konfliktní zájmy. Navíc mnohé z nich nevnímají, že se nás krize dotýkají osobně, a potlačují naléhavou potřebu něco udělat, než bude situace ještě horší.

Největším problémem je, že jsme se v minulosti ještě s ničím tak nebezpečným nesetkali, a nejsme tedy schopni správně odhadnout svou situaci; ke katastrofám docházelo i dříve, avšak současná doba je jedinečná tím, že se s nimi setkáváme na všech frontách a po celém světě ovlivňují veškeré aspekty lidského života.

2. Zjištění, proč existuje
Ke krizím dochází, když nastane kolize dvou elementů a silnější z nich vnucuje svá pravidla slabšímu. Lidská povaha, tedy egoismus, zjišťuje, jaké to je být pravým opakem přírody, tedy altruismu, a důsledek to-

hoto stavu pociťujeme na vlastní kůži: mnoho lidí se je nešťastných, sklíčených, nejistých a znechucených. Ke krizi nedochází ve vnějším prostředí – odehrává se přímo v nás a jedná se o obrovský boj mezi dobrem (altruismus) a zlem (egoismus). Je smutné, že ve svých životech zastáváme roli záporných hrdinů, avšak neztrácejme naději, vše jednou skončí a šťastný konec čeká i na nás.

3. Stanovení nejlepšího řešení
Zjišťujeme, že hlavní příčinou krizí je náš egoismus, a začínáme chápat potřebu změnit sebe a svou společnost, neboť jen tak budeme schopni omezit krize a navést společnost i životní prostředí konstruktivnější cestu. Těmto změnám se budeme více věnovat, až odhalíme svobodu volby.

4. Naplánování vyřešení krize
Jakmile dokončíme první tři kroky, můžeme celý plán rozpracovat do větších detailů. Ale ani ten nejlepší plán nemůže být úspěšný bez aktivní podpory vůdčích, mezinárodně uznávaných organizací, a je tedy třeba získat širokou mezinárodní podporu vědců, myslitelů a politiků, ale také Organizace spojených národů, médií a společenských organizací.

Vyvíjíme se přechodem z jedné úrovně touhy do další a vše, co se odehrává nyní, se poprvé odehrálo na duchovní úrovni touhy. Kdybychom si danou úroveň pamatovali, mohli bychom využívat vědomosti těch, kdo jsou již napojeni na duchovní sféru, stejným způsobem, jakým pracujeme se současnými vědeckými poznatky.

Kabalisté, kteří již pronikli do duchovních světů, a tedy do základu našeho světa, vnímají Rešimot (duchovní základ) navozující náš stav a mohli by nás vyvést z problémů pramenících v duchovním světě, jimž dnes čelíme. Věděli bychom, proč se různé věci dějí, co je třeba udělat, a krizi bychom rychleji a snadněji vyřešili. Podívejme se na to takto: kdybychom věděli, že existuje někdo, kdo dokáže uhodnout výsledky zítřejší loterie, nechtěli bychom ho mít poblíž, až budeme podávat sázku?

Není v tom žádné kouzlo, pouze znalost pravidel hry v duchovním světě. Z pohledu kabalistů se v krizi nenacházíme, jsme jen trochu dezorientovaní, a tudíž neustále vsázíme na špatná čísla; jakmile se vydáme správným směrem, bude snadné (neexistující) krizi vyřešit. A vyhrajeme loterii. Je krásné, že znalosti kabaly nejsou pod zámkem, ale že patří všem.

ZNÁT SVÉ MOŽNOSTI

Stará motlitba
Pane, dopřej mi sílu změnit, co změnit lze, odvahu přijmout, co změnit nelze, a moudrost obojí rozeznat.

Sami sebe vidíme jako mimořádné a samostatně jednající osobnosti. Je to charakteristický znak všech lidí, jen si uvědomme to množství bitev, jimiž lidstvo po staletí procházelo, abychom se nakonec dopracovali k omezené osobní svobodě, jak ji vnímáme dnes.

Nejsme jediní, kdo trpí ztrátou svobody, a neexistuje bytost, jež by se smířila se zajetím. Přestože chápeme, že si každá bytost zaslouží svobodu, neznamená to, že víme, co to *skutečně* znamená být svobodný a zda a jak to souvisí s procesem nápravy lidského egoismu.

Pokud se zamyslíme nad významem slova *svoboda* a budeme k sobě upřímní, ocitneme se zanedlouho v koncích, a tak než si začneme o svobodě povídat, potřebujeme vědět, co to znamená být svobodný.

Nejprve se musíme zamyslet každý sám nad sebou a zjistit, zda jsme schopni se alespoň jednou chovat svobodně a řídit se pouze svou vlastní vůlí. Vůle přijímat neustále nabývá na síle, což nás nutí hledat další a prospěšnější způsoby života, ale honba za kariérou nám moc možností neskýtá.

Pokud je příčinou veškerých potíží vůle přijímat, mohl by existovat způsob, jak ji ovládat, a díky němu bychom mohli zvládnout i kariérismus. Nebudeme-li vůli přijímat omezovat, můžeme prohrát dříve, než vůbec začneme hrát.

Pokud prohrajeme, kdo bude vítězem? S kým (nebo čím) soupeříme? Chováme se, jako by vše záleželo jen na našem rozhodnutí, ale je tomu skutečně tak? Nebylo by lepší přestat měnit své životy a nechat věci jen tak plynout?

Na jedné straně má příroda výhrady vůči jakémukoliv podmanění, ale na druhé straně nám nenaznačuje, zda někdy konáme na základě své svobodné vůle, či jsme jen loutky, které si myslí, že se rozhodují svobodně.

Pokud se příroda řídí mistrovským plánem, jsou i tyto dotazy a nejistoty součástí projektu? Možná je za tím vším nějaký skrytý důvod anebo jsou nejasnosti a zklamání způsobem, jak nám mistr loutkař říká: „Hele, zamysli se nad tím, co chceš, protože pokud hledáš mě, díváš se špatným směrem."

Někdo bude popírat, že jsme dezorientovaní, nicméně abychom určili směr, musíme vědět, odkud se dívat – tak můžeme ušetřit roky marného snažení. Nejdříve chceme vědět, jak dalece se můžeme rozhodovat svobodně a nezávisle a kdy už to nejde. Jakmile to zjistíme, pochopíme, kam nasměrovat úsilí.

OTĚŽE ŽIVOTA

Příroda se řídí jediným zákonem – zákonem potěšení a bolesti. Pokud by jedinou podstatou stvoření byla vůle přijímat potěšení, vyžadovalo by se pouze jedno pravidlo: vítání potěšení a odmítání bolesti.

Jako lidstvo nemáme žádné výjimky a řídíme se zavedeným řádem, jenž určuje každé naše jednání: chceme co nejvíce dostávat a co nejméně pracovat! A tak ve všem, co děláme, si vždy vybíráme potěšení a vyhýbáme se bolesti, a to dokonce i když si toho nejsme vědomi.

Dokonce i když se zdá, že se obětujeme, přijímáme z *obětování se* více potěšení, než by nám přinesly jiné možnosti, jež by přicházely v úvahu. Klameme, když si myslíme, že naše motivy jsou altruistické – podvádět sebe sama je totiž zábavnější než si přiznat pravdu.

Agnes Repplier jednou řekla: „Existuje několik nahot nežádoucích stejně jako holá pravda."

Ve třetí kapitole je uvedeno, že druhá fáze dává, třebaže je motivována stejnou vůlí přijímat jako první fáze; to je podstata každé *altruistické* činnosti – *poskytovat* jeden druhému.

Všechno, co děláme, se řídí *výpočtem rentability*, například si přepočítáváme cenu zboží na zisk, který nám v budoucnosti přinese. Pokud si myslíme, že potěšení ze získané věci bude větší než pořizovací cena, náš vnitřní broker prohlásí: „Koupit!" a na našem mentálním panelu s nápisem Wall Street se rozsvítí zelené světlo.

Dokážeme změnit své priority, osvojit si odlišné významy dobra a zla, a dokonce se naučit ničeho se nebát, a co víc, jsme schopni vytvořit si cíl v našich očích natolik důležitý, že jakékoliv strádání během cesty k němu bude zcela bezvýznamné.

Například pokud chceme mít určité společenské postavení a mzdu odpovídající proslulému lékaři, budeme dřít, roky se mořit na medicíně, dalších několik let zažívat nedostatek spánku během úvodní praxe a doufat, že nám to nakonec přinese slávu a bohatství.

Někdy je počítání s nutnou bolestí natolik přirozené, že si to ani neuvědomujeme; například pokud jsme velmi nemocní a dozvíme se, že nám život může zachránit pouze určitý chirurgický zákrok, rádi ho podstoupíme. Operace může být velmi nepříjemná a riskantní, ale neohrožuje nás na životě tolik jako sama nemoc; v některých případech dokonce vydáme značný obnos, abychom se utrpení zbavili.

ZMĚNOU SPOLEČNOSTI KE ZMĚNĚ SEBE

Příroda nás odsoudila k neustálenému útěku před bolestí a ustavičnému hledání potěšení a odepřela nám schopnost rozhodnout se, jaké potěšení přesně chceme. Nejsme schopni korigovat, co chceme, a naše touhy se v nás ozývají bez jakéhokoliv předešlého varování či našeho názoru na ně.

Příroda nevytváří pouze naše touhy, také nám poskytla návod, jak je ovládat. Když si uvědomíme, že jsme součástí duše Adama ha-Rišona, snadněji pochopíme možnost řídit touhy ovlivněním celé duše, tedy celého lidstva anebo alespoň jeho části.

Kdyby jedna jediná buňka chtěla jít doleva a zbytek těla doprava, buňka se nebude muset podřídit jedině v případě, že přesvědčí celé tělo, převážnou většinu buněk nebo nejvyššího šéfa těla, že by bylo vhodnější vydat se doleva.

My sice nemůžeme řídit své vlastní touhy, ale společnost může a také této možnosti využívá; my můžeme řídit volbu společnosti a vybrat si tu, jež nás ovlivní způsobem, který považujeme za nejlepší. Můžeme tedy využít společenský vliv k řízení svých vlastních tužeb a ovládáním tužeb korigujeme své myšlenky i své činy.

Důležitost společnosti byla popsána již před téměř dvěma tisíci lety v knize *Zohar*, avšak od 20. století, kdy již bylo zřejmé, že jsme na sobě závislí kvůli přežití, je pro náš duchovní vývoj naprosto nezbytné tuto sociální závislost účelně využívat. Kabalista Jehuda Ašlag se o vrcholné důležitosti společnosti zmiňuje v mnohých svých statích, a pokud budeme sledovat tok jeho myšlenek, pochopíme proč.

Ašlag říká, že největší přání každého z nás, ať už si to připouštíme nebo ne, je spojit se s ostatními a být jimi přijati; nejenže nám to dodá pocit sebejistoty, také se tak podpoří to nejcennější – naše ego. Pokud nejsme oblíbení, cítíme se být ignorovaní, a to nevydrží žádné ego; proto lidé často zacházejí do extrémů a snaží se získat pozornost ostatních.

Nejvíce ze všeho toužíme po přijetí společností; jsme tedy nuceni přizpůsobit se zákonům svého prostředí a přijmout je, neboť vymezují naše chování, ovlivňují naše postoje a souvisejí se vším, co děláme a co si myslíme.

Nejsme tedy schopni si cokoliv vybrat, ať už se jedná o způsob života, naše koníčky, trávení volného času, či dokonce způsob stravování a oblékání. Dokonce i když se rozhodneme oblékat se nemoderně a nezávisle na módě, jsme nebo se pokoušíme být netečni k *určitému společenskému kodexu*, jejž jsme se rozhodli ignorovat. Kdyby neexistovala móda, nemuseli bychom ji opomíjet a pravděpodobně bychom si vybrali jiný způsob oblékání – můžeme se tedy změnit, pouze pokud změníme sociální normy svého prostředí.

ČTYŘI FAKTORY

Pokud nejsme nic jiného než produkty našeho prostředí a v našem jednání či myšlení není nic svobodného, můžeme být za své činy odpovědní? A pokud nejsme, kdo je?

Abychom dokázali na tyto dotazy odpovědět, musíme pochopit čtyři faktory, jež nás utvářejí, a musíme vědět jak s nimi pracovat, abychom nabyli svobodu volby. Dle kabaly jsme ovládáni těmito čtyřmi faktory:
1. Podstata, také nazývaná *první látka*.
2. Neměnné vlastnosti podstaty.
3. Vlastnosti, které mění vnější síly.
4. Změny ve vnějším prostředí.

Podívejme se, co pro nás znamenají.
1. **Podstata, také nazývaná první látka.**

Naše neměnná esence je nazývána *podstata*. Můžeme být šťastní i smutní, zamyšlení, rozzlobení, sami či s ostatními, ale ať už se nacházíme v jakékoliv náladě a kterékoliv společnosti, naše základní Já se nikdy nemění.

Abychom tuto čtyřfázovou koncepci pochopili, přiblížíme si ji na rostoucích a umírajících rostlinách. Představme si stéblo pšenice. Když se zrnko pšenice rozpadá, zcela ztrácí svou podobu, a přestože ji úplně ztratí, vyroste z něho zase jenom stéblo pšenice, nic jiného. Je to proto, že podstata se nezměnila a esence zrnka přetrvává v pšenici.

2. Neměnné vlastnosti podstaty.

Tak jako je neměnná podstata a z pšenice vždy vyrůstá nová pšenice, je neměnný i způsob, jakým se vyvíjejí pšeničná zrna. Jediné stéblo může v novém životním cyklu vyprodukovat více než jen jedno stéblo; jejich kvantita a kvalita se může měnit, ale vlastní podstata, esence původní podoby pšenice, zůstává beze změny. Ze zrnka pšenice může vyrůst zase jen pšenice a všechna stébla budou procházet stejným vývojem od vyklíčení až po dozrání.

Podobně děti procházejí stejnými vývojovými stadii, a proto víceméně víme, kdy mají rozvíjet určité dovednosti a odkdy mohou do stravy přidávat nové pokrmy. Bez pevného vzorce bychom nebyli schopni sledovat růstovou křivku dětí ani ničeho jiného.

3. Vlastnosti, které mění vnější síly.

Zrnko sice stále zůstává zrnkem stejného druhu, ale může se měnit jeho vzhled v důsledku vlivů prostředí, například vlivu slunce, půdy, průmyslových hnojiv, vlhkosti a deště. Pšenice je stále pšenicí, ale její *obal* – vlastnosti pšeničné esence – může být vnějšími elementy pozměněn.

Podobně se mění naše nálada v závislosti na společnosti rozdílných lidí či na různých situacích, přestože naše Já, podstata, zůstává beze změny. Někdy se při dlouhodobém vlivu prostředí může změnit nejen naše nálada, ale i charakter; naše nové vlastnosti nevytváří prostředí, nýbrž na vině je společnost některých lidí, jež povzbuzuje určité stránky naší povahy, a my jsme proto aktivnější, než jsme bývali.

4. Změny ve vnějším prostředí.

Prostředí, jež ovlivňuje zrno, je samo ovlivňováno vnějšími faktory, jako jsou klimatické změny, kvalita ovzduší a okolní rostliny, proto tedy pěstujeme rostliny ve sklenících a na uměle zúrodňované půdě – pokoušíme se pro ně vytvořit nejlepší životní prostředí.

Lidská společnost své prostředí neustále mění: propagujeme nové výrobky, volíme vlády, navštěvujeme různé školy a volný čas trávíme s přáteli. Abychom mohli řídit svůj vlastní růst, měli bychom regulovat typy lidí, se kterými se stýkáme, a co je důležitější, typy lidí, které vyhledáváme – tito lidé nás ovlivňují nejvíce.

Pokud se chceme napravit a být altruističtí, potřebujeme vědět, které společenské změny nápravu podpoří, a uskutečňovat je. Změnami vnějšího prostředí ovlivňujeme svoji esenci, měníme vlastnosti lože, a tudíž určujeme svůj osud – tady máme možnost svobodné volby.

VÝBĚR SPRÁVNÉHO PROSTŘEDÍ K NÁPRAVĚ

Nemůžeme sice určovat vlastnosti lože, ale výběrem sociálního prostředí můžeme ovlivnit své životy a osudy. Prostředí ovlivňuje vlastnosti lože, a proto můžeme svou budoucnost určovat takovým utvářením prostředí, jež podporuje cíle, kterých chceme dosáhnout.

Jakmile si vybereme směr a vytvoříme prostředí, jež nás k němu dovede, můžeme použít společnost jako jistý urychlovač vývoje. Například pokud chceme peníze, můžeme se obklopit lidmi, již je také chtějí, mluvit s nimi o nich a tvrdě pracovat na jejich získání; tak se naše mysl promění ve fabriku na peníze.

A další příklad: máme-li nadváhu a hodláme to změnit, nejsnadněji toho dosáhneme tak, že se obklopíme lidmi, kteří řeší stejný problém, a vzájemně se podpoříme. Pro vytvoření potřebného prostředí můžeme udělat více, než se jen obklopit těmi správnými lidmi – lze ho podpořit sledováním filmů a čtením knih a článků v časopisech. Užitečné jsou všechny prostředky, jež naše touhy podpoří.

Anonymní alkoholici, léčebny drogově závislých, centra pro snižování nadváhy a ostatní instituce pomáhající lidem, kdož si neumí pomoci sami – to vše je závislé na prostředí. Pokud se svým prostředím pracujeme správně, můžeme dosáhnout věcí, o kterých se nám ani nesnilo. A nejlepší na tom je, že nebudeme vnímat vynaložené úsilí.

Vrána k vráně
V první kapitole jsme se setkali s principem rovnocennosti formy a zde můžeme využít tentýž princip, ovšem na hmotné úrovni. Příjemně se cítíme s lidmi, již jsou nám podobní, neboť máme stejné touhy a stejné myšlenky, a jak víme, vrána k vráně si sedá. Ovšem můžeme na to jít i z druhé strany: vybereme si skupinu lidí, a tím určíme, jakým člověkem se staneme.

Touha po duchovnosti není výjimkou, a pokud chceme zvýšit svou touhu po ní, potřebujeme mít správné přátele, knihy a filmy a o zbytek se postará lidská povaha. Pokud se chce skupina lidí ztotožnit se Stvořitelem, nic jim v tom nemůže zabránit, dokonce ani sám Stvořitel. Kabalisté této situaci říkají *vítězství syna nade mnou*.

Proč tedy nevnímáme příval duchovnosti? Je v tom malý háček: duchovnost nemůžeme vnímat, dokud ji nemáme. Je velmi těžké chtít něco, co nevidíme a ani nevnímáme, a bez velké touhy je těžké získat cokoliv.

Podívejme se na to takto: vše, co v našem světě chceme, je výsledkem vlivů, které na nás působí. Pokud máme rádi pizzu, je to proto, že nám přátelé, rodiče, televize nebo někdo či něco jiného řeklo, jak je výtečná; chceme-li být právníky, nabyli jsme zřejmě dojmu, že se nám to nějakým způsobem vyplatí.

Kdo nám však v soudobé společnosti řekne, že ztotožnit se Stvořitelem je skvělá věc? A pokud taková touha ve společnosti neexistuje, jak se v nás objeví? To se jenom tak zčistajasna vyskytne? Ne zčistajasna, ale z Rešimot – z pamětí budoucnosti. Vysvětlíme si to: ve čtvrté kapitole jsme si řekli, že Rešimot jsou záznamy vzpomínek, jež se v nás usadily v době, kdy jsme se nacházeli na vyšších příčkách duchovního žebříku; tyto Rešimot se nacházejí v našem podvědomí, postupně se vynořují a evokují nové a silnější touhy z minulých stavů.

Všichni jsme se nacházeli o jednu příčku výše na duchovním žebříku a při návratu do těchto duchovních stavů se nám budou vybavovat touhy, jež máme na dané úrovni zažívat. Rešimot jsou vzpomínky na naše vlastní budoucí stavy.

Otázka by tedy neměla znít: „Jak to, že toužíme po něčem, co neznáme ze svého prostředí?", ale spíše bychom se měli zeptat: „Když už máme tuto touhu, jak ji co nejlépe využít?" Odpověď je prostá: zacházejme s ní jako čímkoliv jiným, čeho chceme dosáhnout, přemýšlejme o ní, mluvme o ní, čtěme o ní, zpívejme o ní. Dělejme vše, co ji učiní důležitou, a vývoj se úměrně tomu urychlí.

V knize *Zohar* je popsán pravdivý příběh moudrého muže rabína José ben Kisma, největšího kabalisty své doby. Jednoho dne k němu přistoupil bohatý kupec z jiného města s žádostí, aby se přestěhoval do jeho města a otevřel tam seminář pro lidi žíznící po moudrosti. Kupec vysvětloval, že nemají žádné mudrce, a nutně tedy potřebují duchovního učitele. Netřeba dodávat, že rabínu Josému přislíbil pokrytí veškerých osobních i pracovních výloh.

Ke kupcovu velkému překvapení rabín José nabídku rezolutně odmítl s tvrzením, že se do města, kde nejsou žádní mudrci, za žádných okolností nepřestěhuje. Ohromený kupec se pokoušel diskutovat a naznačoval, že rabín José je největším mudrcem, a nepotřebuje se tedy od nikoho učit.

„A navíc", dodal kupec, „přestěhováním se do našeho města a vzděláváním lidí budete vykonávat důležitou duchovní službu. Tady už je přece hojně mudrců a u nás ani jeden, bude to tedy významný přínos pro duchovnost celé generace. Mohl by velký rabín alespoň zvážit mou nabídku?"

Rabín José byl pevně rozhodnut: „Dokonce i ten nejmoudřejší mudrc by se stal nemoudrým, setrvával-li by s nerozumnými." Neznamená to, že by rabín José nechtěl pomoci lidem z kupcova města, on jen věděl, že bez inspirativního prostředí by tratil hned dvakrát – selhal by při vzdělávání svých studentů a snížil by stupeň své duchovnosti.

ŽÁDNÍ ANARCHISTÉ

Z předchozího by se mohlo zdát, že kabalisté jsou anarchisté stojící v cestě budování duchovně zaměřené společnosti. Nic není vzdálenější pravdě.

Jehuda Ašlag velmi jasně vysvětluje, a potvrdí to všichni sociologové a antropologové, že lidé jsou společenští tvorové. Nemáme na výběr; musíme žít ve společnosti, neboť jsme odnožemi jediné společné duše, a je tedy třeba přizpůsobit se pravidlům společnosti, v níž žijeme, a starat se o její prosperitu.

Ašlag dále uvádí, že v jakékoliv situaci, jež nesouvisí se společností, nemá společnost žádné právo omezovat či potlačovat svobodu jedinců, a ve svých úvahách jde ještě dále, když ty, co takto činí, nazývá *zločinci* a prohlašuje, že v souvislosti s individuálním duchovním vývojem příroda nenutí jedince, aby se řídil vůlí většiny. Na druhou stranu duchovní růst je osobní zodpovědností každého z nás a pomůže nám vylepšit jak náš osobní život, tak celý svět.

Je zcela nezbytné, abychom pochopili odloučení svých povinností od společnosti, v níž žijeme, a svého osobního duchovního růstu; až se naučíme obojí jasně rozlišovat a současně podporovat, osvobodíme se od většiny zmatků a mylných představ o duchovnosti.

Pravidlo života by mělo být prosté a přímočaré: v každodenním životě se řídíme zákonem a v duchovním životě se můžeme vyvíjet individuálně. Ukazuje se, že svobody jedince lze dosáhnout pouze skrze duchovní vývoj, do které nesmějí ostatní zasahovat.

NEODVRATNÝ ZÁNIK EGA

Láska ke svobodě je láskou k druhým;
Láska k moci je láskou k sobě.
William Hazlitt (1778–1830)

Podívejme se ještě jednou na základ stvoření: jedinou věcí, kterou Stvořitel stvořil, je vůle přijímat, tedy náš egoismus, naše esence. Pokud se naučíme egoismus *zneškodnit*, obnovíme spojení se Stvořitelem; bez sobectví dosáhneme stejné rovnocennosti formy se Stvořitelem, jaká existuje v duchovních světech. Zbavit se egoismu znamená začít zdolávat duchovní žebřík a započít proces nápravy.

Příroda má svůj specifický smysl pro ironický humor: lidé, kteří si libují v sobeckých potěšeních, nemohou být šťastní. Existují pro to dva důvody: za prvé, jak bylo vysvětleno v první kapitole, egoismus je patová situace – pokud máme, co chceme, již po tom netoužíme; a za druhé sobecké touhy nemají potěšení pouze z uspokojení svých vlastních vrtochů, ale i z nespokojenosti ostatních.

Abychom lépe porozuměli druhému důvodu, musíme se vrátit k základům: první fáze ze čtyř chce pouze přijímat potěšení, druhá fáze je rafinovanější a chce přijímat potěšení z dávání, neboť dávání je způsob Stvořitelovy existence. Pokud by se náš vývoj zastavil na první fázi, byli bychom spokojeni ve chvíli, kdy by byly naplněny naše touhy, a nestarali bychom se o ostatní.

Druhá fáze, touha dávat, nás nutí všímat si ostatních lidí (jinak bychom jim nemohli dávat), a jelikož je naší základní touhou přijímat, vidíme u nich „všechny ty věci, které sami nemáme". Ve druhé fázi se srovnáváme s ostatními a vždy chceme být nad nimi, proto máme potěšení z jejich nedostatků.

To je také důvod, proč se hranice chudoby v jednotlivých zemích liší. Dle slovníku *Webster* je hranice chudoby „hladina osobních či rodinných příjmů, pod níž jsou dle vládních standardů jedinci považováni za chudé".

Kdyby byl v našem okolí každý stejně chudý jako my, chudobu bychom nepociťovali, avšak jakmile se vyskytne někdo bohatý a my máme jen průměrný příjem, cítíme se jako nejchudší lidé na světě. Naše normy jsou tedy určovány kombinací první fáze (co chceme mít) a druhé fáze, což je to, co mají ostatní.

Touha dávat, jež by měla být zárukou, že svět je příjemným místem pro život, je ve skutečnosti příčinou veškerého zla, je esencí korupce a záměry přijímat a dávat jsou tím, co je třeba napravit.

LÉČBA

Žádná touha ani vlastnost nejsou ve své podstatě zlé, to náš přístup k nim je takovými činí. Dávní kabalisté říkali: „Závist, chtíč a snaha dosáhnout úcty vyvádějí člověka z tohoto světa," což znamená, že ho převádějí z našeho světa do světa duchovního.

Jak je to možné? Již víme, že závist vede k soutěživosti a soutěživost podporuje pokrok, avšak závist nás dovádí k mnohem větším výsledkům, než jsou technologické či jiné pozemské požitky. V „Předmluvě ke knize Zohar", Ašlag píše, že lidé si uvědomují ostatní a tudíž vědí, co na rozdíl od nich postrádají, následkem toho jsou plni závisti a chtějí vše, co mají ostatní; a čím více toho mají, tím prázdněji se cítí. Na závěr chtějí pohltit celý svět.

Nakonec nás závist dovede ke smíření se samotným Stvořitelem, avšak příroda opět předvádí svůj humor – ušila totiž pěknou boudu: Stvořitel je touha dávat, altruismus, a ačkoliv jsme si to zpočátku neuvědomovali, touhou převzít žezlo a stát se Stvořiteli vlastně vyjadřujeme touhu být altruisty. A tak skrze nenávist, nejproradnější a zhoubný znak ega, vedeme svůj egoismus k zániku tak, jako rakovina ničí svůj hostitelský organismus, dokud nezemře spolu s tělem, jež zruinovala.

Opět vidíme důležitost budování správného sociálního prostředí. Když jsme totiž nuceni žárlit, měli bychom alespoň žárlit *konstruktivně*, a tedy žárlit na to, co nás dovede k nápravě.

Takto kabalisté popisují egoismus: egoismus je jako muž s mečem, jenž je kouzelně přitažlivý, avšak hrot je smočen ve smrtelném jedu. Muž ví, že jed je smrtelný, ale nemůže si pomoci; otevírá ústa, přibližuje meč k jazyku a polyká...

Spravedlivá a šťastná společnost se nemůže spoléhat na kontrolované či „usměrněné" sobectví. Egoismus se můžeme pokusit umírnit pomocí právního řádu, avšak to bude fungovat pouze, dokud se nezpřísní okolnosti, což je zřejmé na Německu – demokracie fungovala, dokud nebyl demokraticky zvolen Adolf Hitler. Také se můžeme pokusit usměrnit egoismus tak, aby byl pro společnost přínosem, ale o to se již pokoušeli v Rusku a dopadlo to mizerně. Při svém pokusu učinit své občany šťastnými selhává dokonce i Amerika, země svobodných možností a kapitalismu. Dle článku v periodiku *Lékařský časopis Nové Anglie* trpí depresemi ročně více než 46 milionů Američanů ve věkovém rozpětí 15 až 54 let a *Archivy obecné psychiatrie* ve své stati v *The New York Times* ze dne 6. června 2006 uvádějí: „Užívání antipsychotik při léčbě dětí a adolescentů... se v letech 1993–2002 více než zpětinásobilo."

Na závěr můžeme říci, že při nadvládě egoismu bude společnost nespravedlivá a její příslušníci rozčarovaní. Veškeré egoistické společnosti se nakonec vyčerpají právě tím egoismem, který je vytvořil; my se jen můžeme snažit, aby to proběhlo co nejrychleji a nejsnadněji a bylo to přínosem pro všechny.

NEPRAVÁ SVOBODA

Kabalisté líčí nedostatek citu Stvořitele jako *zatajení Stvořitelovy tváře* a toto zatajení vytváří klamnou představu svobodného výběru mezi naším světem a Stvořitelovým duchovním světem. Pokud bychom viděli Stvořitele a skutečně vnímali výhody altruismu, nepochybně bychom upřednostňovali jeho svět plný dávání a potěšení před svým světem.

Stvořitele však nevidíme a neřídíme se jeho pravidly, naopak je neustále porušujeme; dokonce i kdybychom jeho pravidla znali, avšak neviděli bolest, již si jejich porušováním způsobujeme, zřejmě bychom je i nadále porušovali v domnění, že být egoisty je mnohem zábavnější.

V podkapitole „Otěže života" jsme si řekli, že se celá příroda řídí jediným zákonem – zákonem potěšení a bolesti; vše, co děláme, co si myslíme a co plánujeme, má zmenšit naši bolest nebo zvýšit naše potěšení. Ale jelikož nevidíme, že jsme ovládáni těmito silami, *myslíme* si, že jsme svobodní.

Utajení

Baruh Ašlag, syn Jehudy Ašlaga a významný kabalista, si zaznamenával slova svého otce a tyto zápisky byly později publikovány pod názvem Shamati *(*Slyšel jsem*). Mimo jiné si zapsal, že pokud jsme byli vytvořeni Vyšší silou, proč ji nevnímáme? Proč je skrytá? Kdybychom věděli, co po nás chce, nechybovali bychom a nebyli bychom trýzněni tresty.*

Jak snadný a radostný by byl život, kdyby došlo k prozrazení Stvořitele! Nepochybovali bychom o jeho existenci a připustili bychom, že řídí nás i celý svět; znali bychom důvod a smysl svého stvoření, viděli jeho reakce na své činy, komunikovali s ním a konzultovali svá rozhodnutí. Jak krásný a prostý by život byl!

Ašlag své úvahy uzavírá nevyhnutelným shrnutím: naší touhou by mělo být odhalení Stvořitele.

Abychom byli skutečně volní, musíme se nejprve osvobodit z otěží zákona potěšení a bolesti, a jelikož nám ego určuje, co je příjemné a co je bolestivé, zjistíme, že být volní znamená osvobodit se nejprve od ega.

PŘEDPOKLADY PRO SVOBODNOU VOLBU

Je ironií, že skutečná svoboda volby je možná, pouze pokud je Stvořitel skrytý. Pokud se totiž jedna možnost zdá být výhodnější, egoismus nedá možnost výběru a vrhne se na ni; v takovém případě, i kdybychom se rozhodli dávat, by to bylo dávání, abychom mohli poskytovat: a tedy egoistické dávání. Abychom jednali skutečně altruisticky a duchovně, musí nám být prospěch z takového konání skryt.

Pokud budeme mít na mysli, že smyslem stvoření je osvobodit se od egoismu, budou naše činy vždy směřovat správným směrem – ke Stvořiteli. Kdybychom měli dvě volby a nevěděli, která z nich nám přinese více potěšení (či méně bolesti), tehdy bychom se mohli skutečně svobodně rozhodnout.

Pokud by ego nedokázalo rozeznat výhodnější možnost, vybírali bychom si podle rozdílného souboru hodnot, například bychom se sami sebe neptali, co je zábavnější, ale co z toho znamená více dávat; pokud je dávání něco, co oceňujeme, bude snadné se rozhodnout.

Můžeme být egoisté nebo altruisté, můžeme myslet na sebe nebo na ostatní, jiná možnost není. Svoboda volby je možná, jestliže jsou obě možnosti zjevné a stejně přitažlivé (či nepřitažlivé). Pokud víme pouze o jedné možnosti, musíme si vybrat ji; abychom se mohli rozhodnout svobodně, musíme vnímat jak svou, tak Stvořitelovu povahu. Skutečně svobodně se rozhodnout a neutralizovat ego můžeme pouze v případě, pokud nevíme, co je příjemnější.

USKUTEČNĚNÍ SVOBODNÉ VOLBY

První zásadou při duchovní činnosti je *víra nadřazená důvodu*, a než se dostaneme k uskutečnění svobodné volby, musíme si vysvětlit kabalistické významy *víry* a *důvodu*.

VÍRA

Téměř u každého náboženství na Zemi se víra používá jako prostředek k náhradě toho, co nemůžeme vidět či pochopit, jinými slovy, jelikož nemůžeme vidět Boha, musíme *věřit*, že existuje – víru používáme jako náhradu neschopnosti vidět Boha a nazýváme ji *slepá víra*.

Víra je využívána jako náhrada jak v náboženstvích, tak téměř ve všem, co děláme. Například jak víme, že je Země kulatá? Letěli jsme někdy do kosmu a zkontrolovali si to? Věříme vědcům, protože je pokládáme hodnověrné, a důvěřujeme jejich tvrzení, že vše ověřili. Věříme jim a je to slepá víra.

Víru používáme vždy, když nejsme schopni vidět celek, když nám chybí kousek skládačky. Ovšem ani to není spolehlivá informace a nám zbývá pouze slepá víra.

Víra v kabale je pravým opakem toho, co jsme si právě vylíčili. V kabale se jedná o hmatatelné, jasné, úplné, nerozbitné a nevyvratitelné vnímání Stvořitele

– právního řádu života a jediná cesta, jak si můžeme osvojit víru v něj, je ztotožnit se s ním. Jak jinak bychom ve stínu pochybností věděli, kdo přesně je Stvořitel či že vůbec existuje?

DŮVOD

Slovník *Webster* uvádí dvě definice termínu *důvod*. První definicí je příčina, nás však zajímá ta druhá, jež má tři významy:
1. Schopnost chápání, dedukce či myšlení, zvláště u logických postupů.
2. Řádné procvičení mysli.
3. Množství rozumových schopností.

Jako synonyma *Webster* kromě jiného uvádí *důvtip*, *intelekt* a *logiku*.

Nyní si přečteme pár pronikavých slov kabalisty Baruhy Ašlaga z dopisu studentům, v němž vysvětluje Stvořitelův *řetězec velení*. Vysvětlíme si tak, proč se musíme dostat *nad* důvod.

„Smyslem stvoření bylo poskytovat radost Stvořitelovým bytostem, proto vznikla vůle přijímat a musí tu být i nějaký nástroj pro příjem potěšení. Přesto je nemožné vnímat potěšení, pokud neexistuje potřeba potěšení – bez potřeby není potěšení vnímáno.

Vůle přijímat je muž, Adam, který byl stvořen Stvořitelem, a když řekneme, že muži bude poskytnuto věčné potěšení, odvoláváme se na vůli přijímat, jež přijme veškerá potěšení, co jí má Stvořitel v plánu poskytnout.

Vůle přijímat obdržela pomocníky, jež ji obsluhují, a právě skrze ně přijímá potěšení; těmito pomocníky jsou ruce, nohy, zrak, sluch atd. Vůle přijímat je tedy mistrem a jejími služebníky jsou orgány.

A jak tomu už bývá, mezi pomocníky je jeden, který na ně všechny dohlíží a zajišťuje, aby svou prací podporovali požadovaný záměr – přinášení potěšení, což je přesně to, co chce mistr, a tedy vůle přijímat.

Pokud pomocníci chybějí, bude chybět i potěšení související s těmito pomocníky; například pokud je někdo hluchý, nemůže mít potěšení z hudby, a pokud nemá čich, nepozná radost z vůní.

Ovšem pokud chybí mozek, dohlížitel nad pomocníky, zkolabuje celý systém a mistr utrpí ztrátu. Kdybychom měli podnik plný zaměstnanců, ale ani jednoho dobrého manažera, místo profitu bychom tu měli ztrátu.

Šéf (vůle přijímat) je neustále přítomen, a to i bez manažera (důvodu), a dokonce i když manažer zemře, šéf je stále naživu. Ti dva spolu nesouvisejí."

Ukázalo se, že pokud chceme porazit vůli přijímat a stát se altruisty, musíme nejprve překonat „náčelníka štábu" – náš niterný důvod. Víra nadřazená důvodu tedy znamená, že víra, jež se přibližuje Stvořiteli, musí být nadřazená důvodu (důležitější než důvod), tedy našemu egoismu.

Máme dvojnásobný důvod dojít do tohoto bodu: na osobní úrovni je to studijní skupina a okruh přátel, jež nám pomohou vytvořit sociální prostředí podporující duchovní hodnoty; na kolektivní úrovni je nezbytnost toho, aby se celá společnost učila vážit si altruistických hodnot.

V KOSTCE

Vše, co děláme, je určováno zákonem potěšení a bolesti; utíkáme před bolestí a honíme se za potěšením, a čím méně námahy nás potěšení stojí, tím lépe.

Zákon potěšení a bolesti je diktován vůlí přijímat a vůle přijímat řídí vše, co děláme, protože je naší esencí. Ačkoliv si myslíme, že jsme svobodné bytosti, ve skutečnosti nás spoutávají dvě otěže – potěšení a bolest – svírané v dlaních našeho egoismu.

To, kdo jsme, určují čtyři faktory: lože i neměnné vlastnosti lože; vlastnosti, které mění vnější síly a změny ve vnějším prostředí. Můžeme ovlivnit pouze poslední faktor, avšak ten má vliv na všechny ostatní.

Jediný způsob, jak se rozhodnout, kdo jsme, je vybrat si poslední faktor, a tak kontrolovat a měnit vnější sociální prostředí. Změnou posledního faktoru ovlivníme ostatní faktory a změníme i sebe; pokud se chceme osvobodit od egoismu, potřebujeme změnit vnější prostředí na takové, jež podporuje altruismus.

Jakmile se osvobodíme od vůle přijímat a vyklouzneme z pout egoismu, přiblížíme se k duchovnosti, a aby se nám to povedlo, musíme se řídit principem *víry nadřazené důvodu*.

V kabale znamená *víra* naprosté vnímání Stvořitele a my se k ní dopracujeme, až se naše vlastnosti, touhy, záměry a myšlenky vyrovnají Stvořitelovým atributům. Termín *důvod* souvisí s myslí, s „předákem" egoismu, a abychom se dostali nad něj, musíme vnímat hodnotu rovnocennosti se Stvořitelem jako důležitější a cennější než jakékoliv egoistické potěšení, jež bychom si dokázali představit.

Na osobní úrovni pomocí knih (i jiných médií), přátel či učitele, jenž nám ukáže, jak je altruismus důležitý, navyšujeme důležitost Stvořitele (altruismu) a na sociální úrovni se pokoušíme přijímat více altruistických hodnot.

Má-li být změna úspěšná, je naprosto nutné, aby *nebyly* altruistické hodnoty přijímány pouze pro zpříjemnění našeho života, měly by srovnat naše Já a společnost s přírodou, což znamená s jediným zákonem reality, zákonem altruismu, a tedy se Stvořitelem.

Pokud se obklopíme správným prostředím, tedy vhodnými jedinci a společností, naše hodnoty se pozvolna promění v hodnoty prostředí a egoismus se přirozenou cestou, snadno a příjemně přemění na altruismus.

O ORGANIZACI BNEI BARUCH

Bnei Baruch je nezisková organizace, jež šíří moudrost kabaly, aby urychlila duchovnost společnosti. Kabalista dr. Rav Michael Laitman, žák a osobní asistent rabína Baruha Ašlaga (syna rabína Jehudy Ašlaga, autara komentáře knihy *Zohar* s názvem *Sulam*), jde ve šlépějích svého učitele a vede organizaci tak, aby naplnila svou misi.

Laitmanovy vědecké metody poskytují lidem všech vyznání, náboženství a kultur precizní nástroj nezbytný k zahájení úchvatné cesty sebeobjevování a duchovního vzestupu. Bnei Baruch je zaměřena zejména na vnitřní proces, jímž každý prochází svým vlastním tempem; je přístupná lidem všech věkových skupin a životních stylů, kteří se chtějí zapojit do tohoto prospěšného procesu.

V nedávných letech začali lidé po celém světě hledat odpovědi na otázky související s našimi životy – společnost ztratila schopnost vnímat jeho pravou podstatu a vynořilo se mnoho povrchních a klamných pojetí. Bnei Baruch je tu pro ty, kdož hledají skutečný smysl našeho pobytu na světě.

Bnei Baruch nabízí praktické vodítko a spolehlivou metodu pro pochopení našeho světa. Původní výuková metoda vytvořená rabínem Jehudou Ašlagem nepomáhá pouze přemoci strasti a trýzně každodenního života, nýbrž také spouští proces, jenž napomáhá dostat se za své současné meze.

Rabín Jehuda Ašlag zanechal současné generaci studijní metodu, která *učí* jedince, aby se chovali, jako by již dosáhli dokonalosti Vyšších světů, přestože stále setrvávají v našem světě. Jak říká rabín Jehuda Ašlag: „Tato metoda je skutečnou cestou k dosažení Vyššího světa, zdroje naší existence, za současného pobytu na tomto světě."
Kabalista je badatel, který pomocí osvědčené, časem prověřené a precizní metody zkoumá své základní vlastnosti, díky ní dosahuje dokonalosti a kontroly nad svým životem a uskutečňuje svůj skutečný životní cíl. Tak jako v tomto světě nemůže správně fungovat jedinec, aniž by o něm něco věděl, tak ani duše nemůže správně fungovat ve Vyšším světě, pokud o něm nic neví. Moudrost kabaly tyto znalosti poskytuje.

KONTAKT

Email: info@kabbalah.info

Web: www.kabbalah.info

www.KabbalahBooks.info

1057 Steeles Avenue West, Suite 532
Toronto, ON M2R 3X1
Kanada

www.ingramcontent.com/pod-product-compliance
Lightning Source LLC
Chambersburg PA
CBHW072208070526
44585CB00015B/1244